《仁化历史文化丛书》编委会名单

主　　编：赖小红

副 主 编：罗有发　陈旭虹

编　　委：（以姓氏笔画为序）

龙兆康　刘　强　麦海芳　李子初

邹雪玲　陈旭虹　范　全　罗有发

郑玉江　骆阳叶　谢锦树　赖小红

仁化历史文化丛书

仁化古村

龙兆康 著

暨南大学出版社
JINAN UNIVERSITY PRESS

中国·广州

图书在版编目（CIP）数据

仁化古村 / 龙兆康著. —广州：暨南大学出版社，2015.12
（仁化历史文化丛书）
ISBN 978-7-5668-1536-1

Ⅰ.①仁…　Ⅱ.①龙…　Ⅲ.①村史—仁化县　Ⅳ.① K296.54

中国版本图书馆 CIP 数据核字（2015）第 155676 号

出版发行：暨南大学出版社

出 版 人：徐义雄
责任编辑：陈丽娟　刘　晶
责任校对：黄志波　黄少君　冯　琳

地　　址：中国广州暨南大学
电　　话：总编室（8620）85221601
　　　　　营销部（8620）85225284　85228291　85228292（邮购）
传　　真：（8620）85221583（办公室）　85223774（营销部）
邮　　编：510630
网　　址：http: / / www. jnupress. com　http: / / press. jnu. edu. cn

排　　版：广州市天河星辰文化发展部照排中心
印　　刷：深圳市新联美术印刷有限公司

开　　本：787mm×1092mm　1/16
印　　张：7.875
字　　数：148 千
版　　次：2015 年 12 月第 1 版
印　　次：2015 年 12 月第 1 次

定　　价：48.00 元

总　序

　　仁化县地处粤北，毗邻湘赣，是建县于南齐年间（479-502年），距今已1 500多年的粤北古县。县域内山河锦绣、风光瑰丽、土肥水美、物产丰饶，历史人文气息尤其浓厚，古城、古堡、古村、古祠、古寺、古寨、古文物等古迹遗存众多，丰富多彩，县内的历史名人、文化艺术也是代有精英和杰作。

　　这是一片古老的先民乐土。文物考古普查发现，4 500年前就有先民在周田镇浈江边的鲶鱼转遗址、长江镇覆船岭遗址、窑前村晒谷岭遗址、康溪走马坪遗址等地繁衍生息，这些地区发现和出土了大量原始社会新石器时代的斧、锛、戈、矛、环等石器和盘、釜、鼎足等陶器。

　　这是一处文物古迹的大观园。有秦末古秦城、仁阳老县城、宋代蒙氏古宗城3处古城；有闻韶下徐寨、扶溪启明营、石塘双峰寨3处平原古寨和108处山寨；有保存连片古徽派建筑133栋的国家级历史文化名村和众多古村落；有多姿多彩的石刻、砖雕、木雕、灰塑等建筑装饰和技艺精湛的家具、工艺品。

　　这是一方历史名人辈出的人文宝地。唐、宋、元、明、清、民国至今，从唐代岭南第一相张九龄、韩愈，到宋代的蒙天民、蒙英昂、谭伯仓、谭兰坡，元代的何初、程准，明代的蒙禄昌、蒙诏、黄缵，再到清代的陈世英、郑绍曾、李占元、卜安祥、李汝梅……为官入仕者上千人。文人墨客庄履丰、范宗裕、蒙士遇、刘墨山、王开运、刘刚德、李仲生等都在这里留下不朽的文辞、墨宝。

　　这是一块红色革命的热土。大革命时期，仁化县是广东省农民土地革命和武装斗争的"第二个海陆丰"，朱德、阮啸仙、谭甫仁、黄梅林、蔡卓文在这里谱写过壮烈的革命篇章。红军长征从赣入粤15天后，在仁化县的长江镇、城口镇、红山镇转战10天，取得了梨壁岭、铜鼓岭等战斗的胜利，获得了在城口镇休整3天后转战红山、乐昌、湘南的战略转折，为红军二万五千里长征打下了统一思想的基础。

　　仁化县历史上有着五大突山的人文经典。一是舜帝南巡与韶音文化一脉史迹的线路途经仁化，韶石山的韶音台、丹霞山的韶音亭、闻韶镇的闻韶阁、双龙拱圣的皇封庙，都在仁化县境内。二是吴越交战勾践灭夫差，吴王夫差的3个儿子南逃城口，避难红山，在前洞村隐居，现红山镇有吴王村、三官庙，前洞村有越王村、越王古堡。

三是这里为唐代佛教南移的第一站，董塘镇江头村委会叶屋村是仰山禅宗慧寂大师的故里，西山寺、云龙寺、渐溪寺的建立都与慧寂禅师有关，有唐塔云龙寺塔、渐溪寺塔等 14 座古塔，仁化被称为名副其实的岭南古塔之乡。四是周田镇平圃山风度村是盛唐名相张九龄的故里，有其祖父母张子胄夫妇的墓茔，有"风度流芳"古门楼、"燕翼诒谋"、"金鉴流芳"等祖祠，可追踪丰富的"张九龄文化"。五是被联合国教科文组织东方民俗研究会主席劳格文博士称为"岭南第一世家"的城口镇恩村蒙氏家族，历宋、元、明、清至今 900 余年，文武仕商出类拔萃、气运不衰，其古城、古村、古祠、门楼、牌坊、文物、名人字画等丰富多彩。

如此深厚的历史文化底蕴，展示出仁化这个粤北古县特有的文化风采和人文魅力，是一部追根溯源、弘扬传统文化、借古喻今的本土文史教科书，也是仁化社会、经济、文化发展依存的文化品牌。

历史的云烟消磨了几多古物遗踪，淡漠了多少美好的文化记忆。几千年的朝代更替与战火纷争、地方暴乱与自然灾害，尤其是"文化大革命"时"破四旧"的极左风潮，使得中华民族的传统文化遗存、文物古迹几乎被破坏殆尽。而仁化这个粤北古县能残存如许历史文化遗迹、遗踪和人文古迹，实在难得。

《仁化历史文化丛书》，是在新的历史时期，国家弘扬中华传统文化，省、市、县地方政府积极响应的形势下编写的。这套丛书分为《仁化古村》《仁化古迹》《仁化艺苑》《仁化印象》四册，旨在发掘、整理、记录仁化县历史长河中的社会、经济、文化、生活环境以及传留至今的遗址、古迹、文物，从物质、精神、文化、艺术等各个层面，客观真实地呈现仁化县的历史风貌和时代精神。

该丛书题材真实，内容丰富，文辞简练，图景交融，熔史实遗存、学术知识于一炉，集人文经典、艺术精华于一体，生动直观，为仁化县保护文物资源，发展旅游经济，打下了高品位的文化台基。

岁月刻记着历史，历史渲染着文化，文化印存着记忆。将一脉记忆的痕迹留给后人，是一种鉴古察今的感悟，也是一种文化传承的责任。将仁化古县的历史文化延续传承，记录出版，为地方社会经济发展提供软实力的支持，造福当代，面向未来，正是我们编写《仁化历史文化丛书》的意义所在。

《仁化历史文化丛书》编委会
2015 年 10 月 12 日

前　言

聚合血缘族群，择地而居，勤劳耕作，繁衍生息，是我们聪明智慧的先民在这块大地上扎根下来，一代又一代生生不息的自然规律。古人从渔猎洞居到商贸都邑，都是依水而建，离不开江、河、湖、海之滨，井、泉、池、沼之畔，因此中华大地的街市、城镇自古被称为市井、城池。

由于地域的不同，黄土高原的窑洞、江南水乡的园林、西藏的石板房、云贵的吊脚楼、安徽的徽派建筑、福建的土围楼、广东的客家围屋……各有其地方特色和人文风采。

仁化作为粤北古县，地处南北交通之要冲。四千多年前的舜帝南巡，两千多年前的吴越南来，隋唐时代的佛禅文化南移，北宋及以后的北方居民南迁……都在这片土地上留下了众多的历史遗迹。这个有着1 090个自然村落的小县，明代以前南来的古村就有58个之多，明末清初直到民国时期南迁的村庄就更多了。由闽、皖、赣、湘及黔东南迁来的移民所建的村庄都保存有各地的建筑遗风。在地形地貌的风水考究、土壤植被的生态选择、水源水质的质量考察、宅居建设的选址选材和技艺风格等方面，都有着农耕文化久远传承的宜居生活理念和天人和谐关系，有着历史人文、文物古迹方面的珍贵遗存，这些为现代生态文明建设提供了思路，为返璞归真的生活追求提供了参考。

本书部分图片由仁化县图书馆、陈志芳、陈桂汉提供，在此谨致谢意。

龙兆康

2015 年 10 月 16 日

目 录

古村概况

1. 依河溪、井泉建村

　　仁化县面积为 2 223.2 平方千米，境内锦江流域面积有 1 312 平方千米，占全县面积的近 60%。108 千米的锦江主流和大小支流 1 000 多条，呈扇面遍布东、北、西三面，南到夏富村，经瑶山河谷，由仁化江口汇入浈江。平原地带的水井、山间平坝的溪流，为当地先民生活提供了便利。仁化古村就是依赖这发达的水系、丰富的水源，建村立巷，而后逐渐成街立市的。

夏富民居中西合璧

浈江"鲶鱼转"遗址之后山

石塘连片古村巷

从平圃山看浈江、灵溪、韶石山前的风度村

（1）灵溪和浈江交汇处，韶石山作为后屏。张九龄故里风度村（张屋村）依山傍水而建，由唐代至今。

张九龄故里"风度流芳"门楼

古村依水

（2）石塘溪围绕村西南，48口古井遍布村巷民宅，这里自古就有"泉井当水缸"的美誉。

600多年前开凿的高门槛井

"泉井当水缸"的厨房井

古秦城门楼

（3）恩村良好的生态水源使之成为农耕文化的典范。耕读兴家使恩村成为岭南有名的仕宦古村。

一弯恩溪水，南宋古宗城。
昔有护城河，今犹文史村。

（4）夏富村位于董塘河与锦江的交汇处，是锦江流域最后一块冲积平原。夏富村文化底蕴深厚，也是丹山锦水旅游风光带的核心地带。

（5）周田镇的灵溪上游，溪流湍急，水质甘清。灵溪村委会沿溪而上有多处古围屋，最大的大围村黄氏大围，占地面积890平方米，清溪环绕麻石城墙。围楼内村巷纵横如迷宫，清渠泉井遍布。

锦江和仙山琼阁之间的夏富村

恩溪水绕古城

周田镇灵溪村围楼

大围楼城墙、城门依水

2. 以姓氏、族群聚居，彰显宗祠风采

仁化县境内计有347个姓氏，同姓氏聚集上千人的自然村落就有53个。这些村基本上血脉同宗，并且有家族祠堂以示宗系。祠堂成为这些村的荣耀与核心。

黄坑镇南庄村的刘氏宗祠，为明代宣七郎刘文渊后裔刘士弘所建，面阔14.8米，进深53.7米，面积794.76平方米，三进三开间，抬梁式木结构，左右有厢房。为仁化第一大宗祠，是刘姓引以为傲的宗祠。

南庄村刘氏宗祠

丹霞街道夏富村下迳村小组李氏宗祠，二进五开间，砖木结构，有一牌坊式门楼。门楼正脊灰塑龙头鱼身，大门外有一对红砂岩抱鼓石，一对石狮。建筑风格独特，技艺精湛。

扶溪镇古夏村司马第祠为金陵（今南京）迁来之李氏家族的宗祠。

长江镇锦江村邹氏宗祠重建于清道光年间，二进三开间，砖木结构，全祠6根八角形麻石柱气势不凡。

古夏村司马第祠

锦江村邹氏宗祠

夏富村下迳村小组李氏宗祠

城口镇恩村蒙氏世科祠始建于明初，重修于清代，二进三开间，人字形风火墙，牌坊式门楼，灰塑博古屋脊。建筑恢宏大气，工艺精雕细琢、雅致美观。门匾额书"世科祠"，是蒙氏家族"一门三进士"的仕宦见证。

恩村蒙氏世科祠正面

水南村梁氏宗祠

仁化城南水南村梁氏宗祠建于清嘉庆三年（1798年），坐东向西，二进三开间，砖木结构。祠内有12根红砂岩石柱，都有石刻对联，门额有"梁氏宗祠"木匾。该祠规整美观，体现出清代中期的建筑工艺水平。

　　仁化镇麻塘村谭氏宗祠建于明成化五年（1469年），坐西向东，砖木结构，面积为180.6平方米。左右有厢房，抬梁式架构，檐梁雕刻精美。青砖墙，歇山顶，青瓦屋顶。厅前有围墙和门楼，为谭氏祭祖聚拜之所。

　　石塘镇京群厚里村谭氏宗祠重建于清代，坐北向南，砖木结构。人字形山墙，抬梁式木结构。门檐木结构，雕刻精致美观。宗祠是谭氏家族的村民常聚之地。

麻塘村谭氏宗祠

京群厚里村谭氏宗祠

建筑风格

1. 门楼与围墙

　　聚族而居的仁化古村，建筑格局基本以最宜居地段为核心，随着人丁繁衍逐渐向周边扩展。发展到一定规模后，财力充足的村族就在周边建造起围墙，有些还营建起城墙、城门、碉楼，以抵抗匪盗，保一方安宁。另一些村族分支则另择风水地自立家园，开辟分支村落。因此便有了"一祖开基，枝繁叶茂，村族星罗"之说。

被藤蔓覆盖的恩村古城墙、城门

碉楼

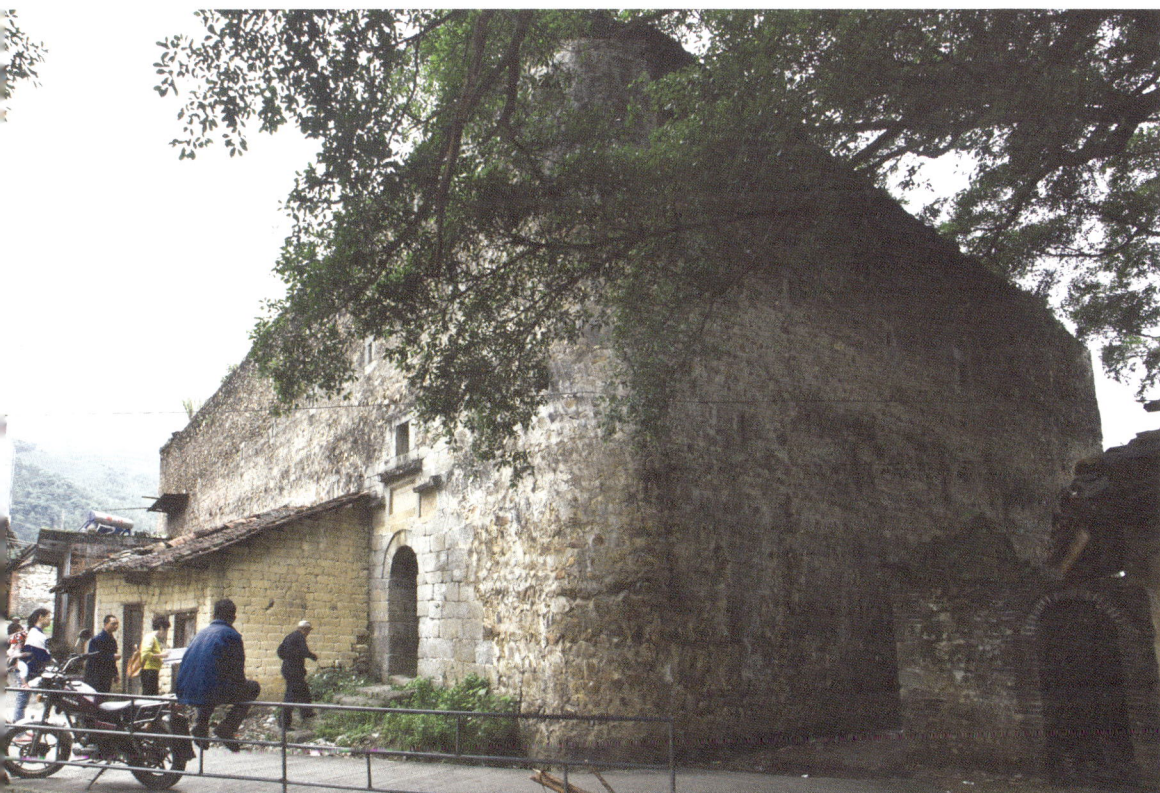

城墙碉楼

2. 村巷与三角街

仁化古村镇大多数以水井、泉溪为中心，循井字形向四面八方延展，建成南北、东西纵横交错的村巷。

仁化石塘镇的李姓古村，却不依照井字形的布局发展，而是在核心地段建成三角形的村巷，向周边扩展延伸。石塘李姓古村这种独特的"三角街"建筑格局，也逐渐为其他村落所效仿。除石塘李姓古村之外，丹霞街道夏富村、周田镇李屋村、红山镇新田村也都是采用这种建筑模式。三角街这种古村建筑模式，在建筑史上迄今仍是个未解之谜。

石塘村三角街

李屋村三角街

新田村三角街

夏富村三角街

3. 风火墙

　　仁化古村的建筑工艺，集徽派建筑特色为大成。青砖青瓦，风火墙，椽牙翘角，檐梁灰饰，工艺精湛。村巷深深，卵石铺道，泉井潺潺，空气清新。

　　古村宅院多从侧门进屋，大厅对照壁。厅前下有天池，上有藻井。厅堂内壁设神龛，下有供台，柱有楹联，梁有雕饰。木门窗镂雕多为福（蝙蝠）、禄（梅花鹿）、寿（仙桃）、禧（喜鹊）等象征图案，风火墙上的红砂岩窗框多有"卍"（福）图。

石塘古巷卵石通道，两边多是椽牙翘角的风火墙

石塘三角街右上侧门卵石

梁柱雀榫雕饰

风火墙红砂岩窗

照壁、天井、藻井

"五福临门"镂雕

古村精粹

1. 城口镇恩村

仁化县城口镇的恩村，位于 106 国道旁，已有 900 多年的历史。恩村蒙氏家族是一个神奇的岭南望族，一个曾经钟鸣鼎食的宋明世家。

这个有 330 多户蒙姓的小山村，始祖蒙念四于宋神宗元丰年间由江西于都来韶州经商，卜居仁化恩村。到第三代蒙天民首开科甲，考中南宋庆元年间进士，被宋宁宗钦点为仁化知县。蒙天民子侄辈又相继出了蒙应龙、蒙英昂、蒙渊龙等进士。自宋、元、明、清至民国，小小山村共出过 26 位进士和 300 多位举人、仕宦，800 多年未曾间断，被联合国教科文组织东方民俗研究会劳格文博士誉为"岭南第一世家"。

观光坊、古村民宅

南门楼与古樟

　　恩村，有粤北独一无二的宗族古城堡。

　　古宗城为南宋宝祐年间文天祥同科进士蒙英昴所建，有东南西北四城门和护城河，占地六亩，城内街巷纵横，是那时护乡保家的安全岛。该城堡从明朝洪武年间开始，一直作为韶州府的巡检司署，镇守湘粤边界。

营里门（西城门）、门匾

东城墙碟垛

南门图南门

恩村，有2座门楼，5座牌坊。

恩村的正大门楼是向北开的，门匾书"拱北里"，两边楹联为："入其门东蒙初步，到此地安定首关。"

"图南门"为恩村南大门，内匾为"安定世居"，外匾为"东蒙保障"，楹联为："建图南阙新甲地，受氏东鲁旧家风。"门楼气势恢宏，椽牙翘角，古风怡然。

北门拱北里门

牌坊是中国古代朝廷对有功有为官宦之表彰。仁化县宋明以来的牌坊有十，恩村独占其五。有文天祥题匾联的登第坊，有明英宗赐建的五马坊、进士坊，以及观光坊、维新牌坊，仍能见其昔日风采。

恩村还有保存完好的古巷民居、家庙宗祠。

在恩村，除了宋元时期修建的古宗城以外，北门外的古村街巷纵横交错，鹅卵石的巷道，红砂岩的台阶，青砖山墙翘角峥嵘，房檐门窗灰饰华美，有一种古雅的民居气息。

门窗灰饰

晚清维新牌坊

观光坊与世科祠后的古村巷

恩村蒙氏始祖祠——蒙氏家庙是宋宁宗为褒扬庆元年间进士、仁化知县蒙天民而赐建的家庙宗祠。明代几经修葺。如今家庙门楣上还挂有宋宁宗的圣旨。大堂内神龛两旁石柱上的对联是宋咸淳年间进士、翰林院待诏、国史编修谢枋得所撰，载于县志。祠堂大门楼的对联则是由明万历年间翰林院国史编修杨起元撰写。

蒙氏家庙

恩村世科祠是蒙姓第三房昆举公祠堂，建于明万历丙午年（1606 年），坐西向东，二进三开间，占地面积 332 平方米，砖木结构，硬山顶，人字形风火墙，牌坊式门楼，灰塑博古屋脊。主楼檐下牌匾为"叔侄亚魁"。斗拱柱榫，雕刻精美，门楣饰二龙戏珠，门当户对精致，门当上雕设抱鼓石。砖墙彩绘，上设卷棚连接屋檐，在蒙氏宗祠中可称为华丽之最。

门当抱鼓石

世科祠门楼、檐脊、雕饰

恩村昆寿公祠是蒙姓第二房祠堂，建于明代，清代扩建，2003 年重修，坐西向东，砖木结构，占地面积 204 平方米。二进三开间，大门外有门墩和抱鼓石。门梁檐饰美观，风火墙翘角，大门彩绘门神，前设栅栏护门，十分气派。

昆寿公祠

原进士坊西的蒙氏大房祠（德志祠）

恩村住宅、街巷的建筑水平和工艺技术都甚为高深，石雕砖饰，墙檐灰饰，梁雕纹饰，镂空窗。

门当抱鼓石

门上的五福吉祥图

山墙灰饰石窗

门檐彩绘图案

室内的门窗工艺、神台供桌、八仙桌与明代太师椅、石狮花座与照壁图文、古家具俱是经典。

恩村还保存了大量名人石刻、楹联匾额。

石狮花座

明代太师椅

神台供桌

朱瑛、范宗玉撰木楹联

明翰林院国史编修杨起元撰石柱长联

　　恩村蒙氏是有近 900 年历史的官宦仕家，文化底蕴深厚，自宋开始，保留有从宰相至翰林四品官员及各朝书画名家的手书真迹。蒙氏族谱于宋绍兴七年（1137 年）首修，由当时参知政事陈与义作序；二修谱由宋高宗朝尚书叶颙撰写；三修谱由南宋末宰相文天祥谱序；直至九修族谱都是名人高士撰写序跋和赞词。书画名家谢枋得、赵鼎、李宗勉、赵孟頫、宋濂、杨起元、欧阳玄、朱鼎、钱南园等都曾在恩村留下墨宝手迹。

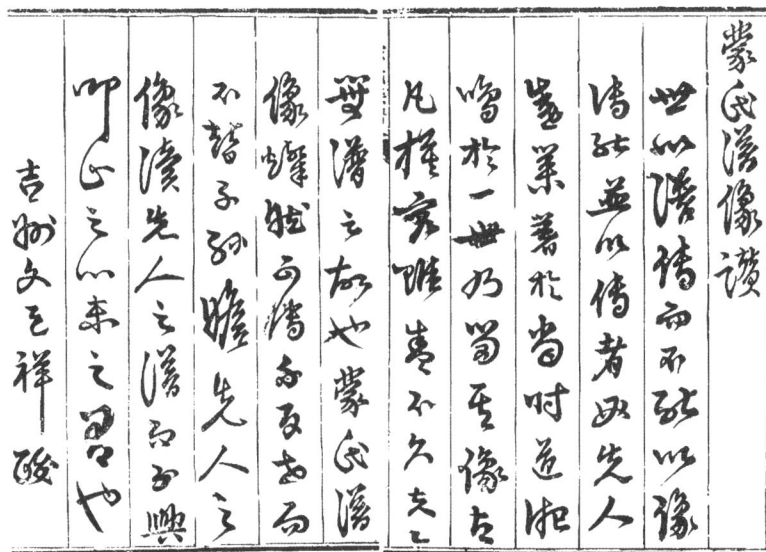

文天祥《蒙氏三修族谱序》手书

赵孟頫赞词

周官九两之法有曰
吏以治得名吏之名
也家亦掌百官府之
政令曰吏掌文书以
赞事吏之事也自汉
及今类多起家此科
者观人者不可援其
流而少之
大史杨起元书

杨起元手书

赞曰

谢枋得赞词

赞曰

朱瑛赞词

人才自昔難之刻一揆於

五金範于炉湅材而為釜

鑄刀鋸戈矛其童重者為

鑄鐘鼎之屬總之各適

于用再戕　甄

明以三才選士仅士挟所长

以衷見其氏自甄而下或

由科甲紫声或以物奏蔂

辟著讀次或揜於大學寧

踈省艸雜戢兒棠甲任有

先戚惡能宣揚閭淨砥碣

名辈揚理良之劳獨狁

則孺才者古丗川賢格限

人岁奠汉孟晝于鏇爐之

道斯吕捕于国家云

大史庄履豐評

庄履丰手书

贊曰

勤儉辛物耿介持

身奉公守法不愧影

裹輕財柴士推重鎮

評其〳君子振〳吉人

郭秉昭書

郭秉昭赞词

贊曰

嗟彼監子孫猶難探虎內豈

意裙釵女凛然捍天節挺身

替老姑屬言拒強賊不憂千

金軀寕甘三尺鉄正氣塞乾

坤精英貫日月胡多時不忍

褒獎鬶芳名然垔竹帛

栁桂鄉邑士范永官書

范永官赞词

朱鼎篆书木刻文匾

邓光祚赞词

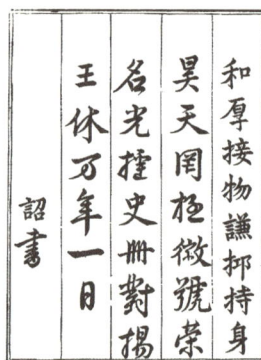

蒙诏手书

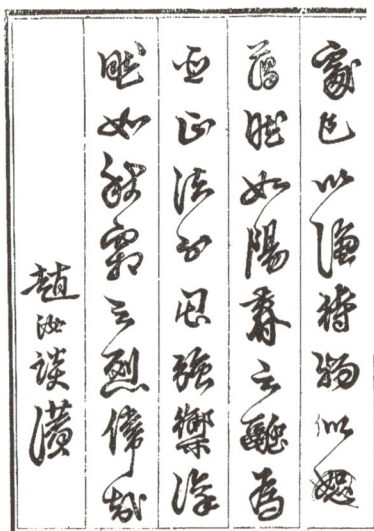

赵汝谈手书

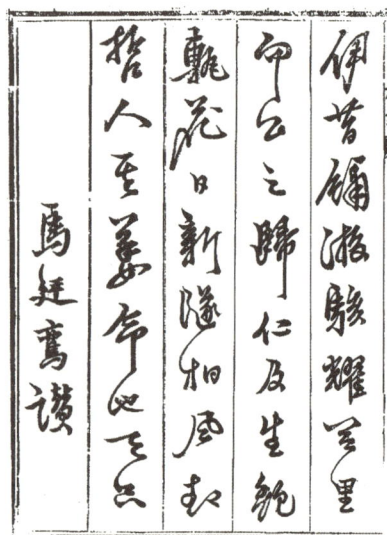

马廷鸾手书

2. 石塘古村

石塘古村位于仁化县城西南方向 20 公里的山间小盆地中。周边山峦青黛，中间一马平川，田园辽阔，溪流蜿蜒。古村屋盖如云，村巷纵横曲折，占地面积 15 公顷，居住 3 400 多人，拥有塘下、楼下、火冲、礼园、大园、竹园背、高门槛、门前巷、三角街等 12 个村阁。建筑规模宏大，村巷古色古香，现在还保存有明、清及民国时期的古建筑 133 座，是仁化县乃至韶关市范围内古建筑群落最大、保存最完好的古村落。2009 年被列入广东省第二批认定的古村落，2010 年被评为国家级"中国历史文化名村"。

从石塘古村对面的电视塔山顶拍摄的石塘古村

（1）石塘古村的历史渊源。

《仁化县志》中的《列传·民族章》记载，石塘李氏始祖李可求，南宋时由江西樟树镇迁居广东仁化，卜居石塘。当时挖地制砖造屋，挖掘成池塘 200 余口，塘底均为石板，故有石塘之名。至元、明时期，李氏子孙繁衍发达，烟火达千余家。到清康熙年间，石塘已发展成为粤北有名的千家村，拥有 12 条街巷、7 处炮楼、7 座门楼、9 个祠堂、25 处闸门、12 个楼阁，建筑面积 42 288 平方米。其中尤为典型的历史街巷中，有名古井 48 口，最古老的高门槛井迄今已有 600 多年历史。石塘内的水渠有 3 条主沟，贯通众多支沟，纵横穿插，常年流水不断，因此便有"泉井当水缸，渠清流水畅"之说。

高门槛古井街巷纵横

三多堂旁的古井为石塘第一井，挖掘于南宋时期，水清甘洌，四时不竭。

石塘的水井许多都在住宅内厨房边，取水方便。酿酒、煮饭菜，水井的功能就如水缸。

三多堂旁的古井

厨房古井

三多堂后街巷

（2）石塘古村街巷的建筑特色。

从双峰寨西北炮楼顶俯视石塘村，只见墙檐连亘，屋盖如云，4万多平方米的青砖青瓦、古宅民居密密麻麻连成一片，一派恢宏气势。

房宅建筑多数有青砖风火墙，高出房檐屋脊，翘角峥嵘；砖雕泥塑，装饰精美，有徽派建筑的明显特色；而房内梁架藻井的结构形式，又带有浓郁的闽南地区风采。连阙的风火墙、墙檐的灰饰、石雕、砖雕、木刻图案，门外的照壁，设计独特的门厅，独具艺术气息的门当和户对，厅堂的天井、藻井，门雕窗花的吉祥图案，工艺精湛的神龛供台，壁上的彩画，摆设得当的室内石狮花墩，古老的楹联、匾额……无一不投射出古村作为一个时代的印记，彰显出那曾经富甲一方、人文显耀的辉煌。

门厅、天井、藻井、照壁

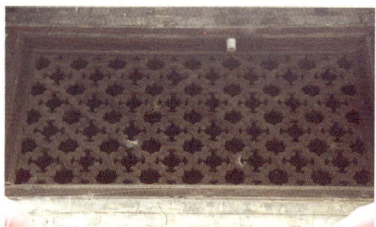

门窗吉祥花饰

风火墙夹峙的卵石古巷

层叠延伸的翘角山墙

门当

户对

石狮花座

石塘古村的墙檐、屋盖

　　贻德堂是石塘古村中保存最完好的一座祠堂，祠堂对面有大照壁，曾绘有精美壁画，墙檐屋脊翘角峥嵘，山墙灰饰图案华美。祠堂上横梁用一整根圆木做成，雕花漆绘双鱼戏珠及鱼跃龙门。祠堂外门柱有民国时仁化县长李汝梅所撰的石刻对联。祠堂内有天井，墙壁彩绘忠孝图 12 幅，厅堂宽敞大气。

石塘古村贻德堂李氏宗祠

（3）石塘古堡双峰寨。

1956 年，石塘古村被人民政府列为红色根据地。1978 年，石塘古堡双峰寨被评定为广东省文物重点保护单位；1998 年被列为广东省爱国主义教育基地；2006 年 6 月，被国务院列为国家级文物重点保护单位。

石塘古堡双峰寨建于清光绪九年（1883 年）。为了让战乱时期的村民有一个避灾保命的安全处所，李氏宗族以李氏族祖名下租田为基金，以李德仁、李自胜等 6 人为主事，富户捐田、村民出力，发起了双峰寨的修建工程。历时 16 年，费金 3 万两，终于建成了广东省内最大的古堡式碉楼。碉楼面积为 4 164 平方米，拥有 1 座主楼、4 座炮楼。四周墙高 9 米，厚 1.3～1.7 米，全用麻石、青石和由糯米、石灰、黄糖、桐油、河沙混合成的灰浆砌筑而成。围楼分上下两层，以石梯、木梯相连通，楼层有木围栏。5 座碉堡炮楼四角耸峙，主楼更为高峻坚固，且居高临下，视野极其开阔。城墙外有护城河，进主楼门和后门有吊桥，在当时是一座固若金汤、易守难攻的碉楼建筑。

石塘古堡双峰寨全景

　　1928 年，石塘乡农会在此办公，双峰寨成为当时的红色堡垒。同年 3 月 29 日，国民党二十一师一个团，伙同反动地方武装包围了双峰寨，寨内 700 多名军民在红军营长李载基的率领下进行了震撼粤北的双峰寨保卫战。历时 9 个月，毙敌 100 多人，守寨军民牺牲 400 多人，写下了粤北农民运动史上的光辉篇章。在莫斯科召开的中共第六次党代会上，广东省农民协会常务委员阮啸仙将其作为中国农民运动史上"第二个海陆丰"加以肯定，认为其是全国各地农民武装夺取政权、进行土地革命的先导之一。1931 年 2 月，中国工农红军第七军在李明瑞、邓小平的领导下向赣南进军，2 月 6 日从乐昌进入石塘，在双峰寨驻军宿营，再转长江镇去江西崇义。双峰寨又一次发挥了红色堡垒作用。

寨内水井、走廊

双峰寨保障门楼

寨内革命文物展览

双峰寨内景布局

（4）石塘古村三角街的不解之谜。

自古人类依水而居，有水井河池才聚集成村庄部落。中国古代的城市也因此被称为市井、城池。城市规划也依"井字形模式"从中心向四面八方辐射。可是石塘李姓大村却不依"井"字向四周扩散，而是以三角街为核心向四周延展。并且仁化县境内的李氏村落，含丹霞山核心地域的夏富村、周田镇的李屋村、扶溪镇的古夏村、红山镇的新田村等，村中心都有三角街。这一处处李姓村的三角街，这与众不同的标志性建筑，其建筑风格令古往今来的人百思不得其解，成为一个不解之谜。

改为理发铺的古老漂坊

石塘古村的三角街，是村里的核心一条街、商铺一条街，也是石塘历史上最繁华、最热闹的一条街。当时，临街铺面鳞次栉比，门有铺板栅栏，窗有柜台货架，摆满布匹、日用杂货及烟酒小食。

民国以前，三角街有油炸锅摊 12 个，杂货店 10 间，酒馆 12 处，私塾 2 间，文昌街还有戏台 1 座。三角街核心区域商铺的繁荣，是那个时代地方经济发展状况的历史记录，也是石塘古村作为粤北"第一千家村"的见证。

三角街的栅门

三角街区叉巷

（5）石塘古村的文化遗产。

"石塘村堆花米酒"是广东省非物质文化遗产。石塘村丰富的历史人文资源与地方物产资源使这里民众的生活水准高于周边村庄。地方菜肴丰富多彩，传统饮食独特，尤其是土特产"堆花米酒"，400多年来名声在外。

"石塘村堆花米酒"用本地的粘米、古井的清泉、自制的酒饼，采用秘制工艺技术，以传统制作流程酿制而成。酒品特点是色清、气香、口味甘醇。尤其是用酒壶斟酒入杯，杯中酒泡堆积成丘，晶莹如玉，满而不溢。随着酒泡慢慢消沉，空气中弥漫着清甜甘香，被饮者赞为："一杯堆花盈复平，满屋醇香皆酒味。"

追根溯源，"石塘村堆花米酒"是从南宋末宰相文天祥的故乡江西吉安传来的。南宋末年，文天祥回到老家，亲朋请他品饮家乡老酒。只见主人执壶斟酒入杯，泛起层层酒泡，盈而不溢，满屋醇香，味甘清冽。文天祥当场赞道："此酒珠玉堆花，实在少见，就称'堆花酒'好了。"并赋诗赞叹："三千进士冠华夏，一壶堆花醉江南。"

到了明朝洪武年间，吉安李姓人南迁粤北仁化，有酒匠见石塘田园风光与老家吉安酷似，尤其井水清甘甜，一如老家井水，于是以自家传统工艺，自制酒饼，用石塘粘米精心酿造。酒成后，竟与老家"堆花酒"不分昆仲——堆花不溢，满屋飘香，色、香、味、形毫无二致。于是代代相传，至今已440多年。如今石塘村酿酒农户数十家，年产量达8 600担。

堆花米酒

（6）石塘古村的"月姐歌坛"。

石塘古村流传有一项独特的民间传统艺术——《月姐歌》与"月姐歌坛"。

每年农历八月初一开始，石塘村的妇女们便三五成群汇集在一起，选一个大厅堂摆设"月姐歌坛"。她们汇聚在大厅堂内，中间摆上一张八仙桌，桌子内侧各绑一枝黄香箖，箖上扎满彩花，中间挂一个八卦图。桌面上摆上香炉和糍粑、水果等贡品，桌下放一个竹箩，箩上簸箕内装两斤大米，再用红花布、红丝线、鸡冠花等做些装饰。整个"月姐歌坛"设置神秘，非仙非佛，非儒非道。主体活动就是做歌坛仪式，唱《月姐歌》，用歌声迎请心目中的"月姐"。直到八月十五日晚上，她们用一种依恋的古歌谣送"月姐"上天登月，至午夜仪式才结束。自宋至今，"月姐歌坛"乡俗在这里已流传近千年，其中明朝是"月姐歌坛"的鼎盛时期，全村设"月姐歌坛"8个，每个歌坛主要成员有30多人。

《月姐歌》歌词独特，30余首古歌曲词，都用石塘本地方言吟唱，别具一格，音韵古朴怡然，倾诉歌词凄婉动容，对答唱和热情清丽，在地方民间文艺中可谓一枝独秀。

"月姐歌坛"中的月姐歌舞

这项独特的民间传统文艺活动，是妇女们的专利，绝不容许男人参加，是过去妇女们抒发郁闷心声、向往自由和美好生活的表达方式。

《月姐歌》这种文艺形式的起源及发展沿革，史、志、谱都没有文字记载，歌词曲艺都是由该村的妇女代代相传。它讲的是一位被选进皇宫的宫女月莲，在宫苑成为"笼中之鸟"，孤凄囚困的生活令其苦不堪言，她只能在明月当空的夜晚，对着一轮明月用歌声倾诉心中的郁闷，想象自己和月姐本是月宫同胞，总有一天会飞出樊笼，奔向自由的天地。南宋末年，朝倾国危之际，月莲在一位太监的帮助下逃出宫廷，辗转逃亡，历经艰辛，终于越过南岭，来到现在的石塘古村，饥寒交迫中昏倒在路旁，被一位好心的大娘救醒带回村中。从此月莲便在石塘村居住，以自己的一手女红手艺，带动村中女友裁剪绣缝，并以自己美妙的歌喉带领大家对歌吟唱。八月风清月明之际，便成为大家抒发心声的聚会之时。月莲所教的歌，便传唱为《月姐歌》。

月姐对歌

石塘古村的《月姐歌》，以古老独特的曲调和石塘本地方言，承宋、明中原文化的音韵余脉，合成石塘古村妇女的心声，让她们与姐妹们倾心交流，对明月高歌倾诉。这朵民间文艺的奇葩，就这么一代一代流传下来，一直传唱到现在。如今，《月姐歌》已参加过县级、市级、省级多次文艺会演，获得广泛好评，分别被评为韶关市、广东省的非物质文化遗产。

唱《月姐歌》

3. 丹霞街道夏富村

夏富村地处粤北仁化县西南方，是锦江下游最后一块山地冲积平原，也是"大丹霞"的核心区。这里东临丹霞山、阳元山，西接大石山区的仙山琼阁、巴寨、茶壶峰，南望朝石山、"五马归槽"、扬州寨，北连燕岩、西竺岩、平头寨，丹山锦水在此组合成一处恬静、瑰丽的世外桃源，是一方生态和谐、土肥水美的人间乐土。

追根溯源，夏富村的历史还得从李姓族人南迁择居开始。南宋理宗年间，江西吉安举人李子乙从广西苍梧县令的官位上退休回家，乘船从西江转北江，经韶州溯浈江北上返赣。当时正值炎夏，行船到锦江与浈江交汇处的仁化江口时，由于粤北暴雨，浈江水域洪水滔滔、浊浪翻滚，而锦水却碧波浩荡、清流盘旋，悠悠然从奇峰峡谷中奔泻而出，携带着清风爽气扑面而来。李子乙从强烈的反差中知道锦江上游必定是一方清新和舒之地，于是转舟逆锦水而上，过芙芷坝，绕大瑶山，到拖船寨……不想眼前豁然开朗，一马平川翼然延展，令人视野开阔、神清气爽。激越之中，他泊船登岸，再环围远眺——北西南三面丹山横亘，临东一湾锦水抱绕田园，真是一方山川形胜的风水宝地。欣兴之余，他毅然决定迁来此地安居乐业。这位官家也真是说到做到，回

云遮水绕夏富村

赣后即带领一帮家族宗亲，于当年夏季就迁来这个清凉舒适的山间平原，开始了李氏家族发家致富的梦想，夏富村的名字也由此而来。凭借这里人杰地灵的客观条件，夏富村走上了农耕文化的发展道路。

夏富村历史上曾是锦江下游第一商埠，村庄布局前水后山，左边"文星里"门楼倒映水中，右边"武曲山"将台依村环峙。竹树掩映，古榕亭亭，老屋青墙，古巷深深。椽牙翘角的风火墙，装点出古老民居徽派建筑的独特风采；以圆曲窗檐、欧式门楼融合中西特色的晚清建筑风貌，可以窥见当年夏富村村民接纳新式建筑风格的开放心态。

夏富村与石塘古村等李姓村庄的街巷一样有核心街巷三角街。三角街是村中最古老的奠基地带，也是夏富李姓村庄的标志。村中店铺、摊档都聚集在这里，村民也常在这里集会交流。从这个三角形街巷向四周扩延，东街到枫树下，南街到李氏宗祠，西街到上角头，北街到文星里。最古老的老屋场在西街的上角头，称"老五栋屋"。青砖古瓦，历600多年尚存原形。保护最好、最靓丽的清代老屋有"老五栋屋"的二、四栋，包括李仪公祖厅，思中祖厅、新厅和李树芳老屋。明清时期的徽式建筑保存较为完好，连巷成规的还保存有10多处，都是倚古榕，伴清塘，竹树村边合，画檐楼阁连，一派古雅清新情趣。

此外，还有李氏宗祠的门楼风光，丹霞石柱；西北碉楼的凛然兀立，历史沧桑；五座祖厅的庄严肃穆，人文史迹……

李氏宗祠门楼

夏富碉楼

占地盈亩的大古榕树

古榕下韶州古道

　　村中有7棵古榕树，树龄都在300年以上，有的亭亭如盖，浓郁长青；有的刺锷蓝天，雄伟挺拔；有的树干恨盘林立，占地过亩……这些古榕，或伴随过西峰古寺，或荫蔽过韶州古道，或掩映过文星门楼，见证过数百年的朝代更替。

　　夏富村因土肥水美物茂，自古是仁化县的富裕村。地灵则人杰，村容村貌也显示出人文风采。这里明清、民国时期的徽派建筑质量很高，都是用青砖、糯米灰浆砌就，椽牙翘角，灰饰檐画五彩精美，图文彰显儒家风韵，门当户对纹饰美观。其中的五座祖厅都是以丹霞红砂岩条石为房基，

夏富古村鸟瞰

窗檐、门庭雕饰精美，厅前有照壁、天井、藻井，厅堂有供桌、神龛，厅内壁设镂雕神主牌坊、神位，两边有楹联，正堂中有匾额，官牌书"肃然""回避"。古朴文化与孝悌家传的气息浓郁醇厚。

夏富村李氏宗族自南宋迁居以来，由于地茂物丰，子孙生活富足，耕读兴家的理念世代相传。历宋、元、明、清、民国，代有精英。出举人、贡士19人，武举多人，黄埔军校学生多人。为官入仕者、经商者，皆有业绩。清末民初，该村先后有11人留学英、法、比、意等国，有些还在戊戌变法中出过力。清光绪年间进士李占元，担任过民国初期的仁化县长，其弟李兆华毕业于黄埔军校第一期，曾任北伐军副师长。现代各行各业也不乏有贡献的人才。夏富村这一方水土，真是代有英贤。

李信刚祖屋祖厅上之藻井

清代匾额

4. 张九龄故里风度村

仁化县周田镇的风度村，位于世界自然遗产丹霞山的东坡山脚下，浈江与灵溪的交汇处，是盛唐名相张九龄的故里，也是岭南张氏宗族繁衍发祥之地。

岭南张氏始祖张君政，于唐贞观年间由河北范阳来韶州任别驾，携家迁来韶关曲江。第二代张子胄官越州剡县（浙江绍兴府嵊县）县令。第三代张宏愈官索卢县（即曲江县，王莽当政时改为索卢县）县丞，在当时的始兴郡清化乡、平圃驿一带置立田产，并将其父张子胄葬于清化乡的平圃山，将其母葬于浈江与锦江交汇处的仁化江口。其后子孙发派，此地成为韶关、曲江、始兴、仁化及岭南张氏的繁衍地。清化乡、平圃驿古属始兴郡，唐属曲江县，而核心区平圃，就在仁化县周田镇的风度村。现在，该村还保存有较为完好的明清古寨建筑 96 处，约 8 500 平方米，有古老祠堂 5 间，以及门楼、古巷、牌匾、楹联、文物古迹等，保存了丰富的历史人文资源。历经 1 000 多年的历史沧桑之后，在这"张九龄文化"一脉的风度村，还能追踪到古老的历史遗迹，感受到张九龄的名相风度和大智贻谋。

在风度村东南一公里处的平圃山，张子胄公墓庐安卧山窝之中，墓后山峦如靠背，左右山梁似扶手，像一张太师椅坐东南向西北，俯瞰沃野平川中的风度村：浈江

从张子胄公墓庐看丹山、浈江、风度村

由北而南，灵溪由西向东，夹岸竹篁，澄波碧浪；隔浈江见韶石山赤壁丹崖，西北丹霞山群峰拥翠。山水田园风光与"风度绍兴"墓庐、风度古村风水相得益彰。张氏家族对农耕文化风水学的精心挑选及运作，显示出深厚的文化底蕴。

风度村的大门"风度流芳"门楼，是韶关市老风度楼在抗日战争时期被毁坏之后，粤北现存的唯一一座古风度楼。门楼高 8 米，宽 4.5 米，青色砖墙，平整光鲜；青花瓦檐，椽牙翘角；门当户对齐全，封檐雕饰精美，画梁雀榫华丽。整座门楼巍然大气，古朴庄严。正门楣上方的红底金字牌匾书"风度流芳"四字，赫然承继着张九龄当年的名相风度。早年门楼左右曾有唐明皇写给张九龄的楹联："蜀道铃声此际念公真晚矣，曲江风度他年卜相孰如之。"怀念及凄婉之情盈满字里行间。

周田镇风度村的"风度流芳"门楼

平圃山的张子胄公墓庐

（1）古老宗祠发现的文物遗存。

风度门楼内村巷不远处，是该村最古老的宗祠——张氏祖堂，外门楼檐墙古朴庄严还在，门匾文钉犹存。入门前厅的藻井内壁上，一方古匾"燕翼诒谋"赫然入目，这是粤北现存最古老的"张九龄文化"遗存。

张九龄作为唐开元名相，为政中耿，不畏权奸，斥用李林甫，谏宠安禄山，因而常受奸臣权贵的毁谤打压。为明心志，张九龄以南方的"海燕"自诩，作五言诗《归燕诗》昭告同仁："海燕虽微渺，乘春亦暂来。岂知泥滓贱，只见玉堂开。绣户时双入，华堂日几回。无心与物竞，鹰隼莫相猜。"宣称自己是从南方来的"海燕"，乘盛唐时和暖的"春风"飞到京城。不因自己出身低微而懈怠，只要朝廷需要，就时刻努力投入，跟随皇上日理朝纲，没有心思与谁争权竞宠。鹰隼般狠恶的贪官们，就别胡乱猜忌、伤害好人了。诗中展示了张九龄为官入仕、处世做人的品格风度。而这方"燕翼诒谋"的古匾，就是要张氏后人牢记《归燕诗》中做官做人、运筹谋略的"张九龄文化"，将其作为一种修身、齐家、处世、报国的遗训。

在张氏祖堂古祠中，还保存着张九龄和谭氏夫人的神主牌，这是十分难得的文物。该神主牌与"燕翼诒谋"古匾，应是古祠中的第一批北宋文物，也

北宋古匾"燕翼诒谋"

张九龄夫妇古神主牌

是那个时代，无论名流草莽，死后必须魂归故里的民俗见证。神主牌见证了当时清化乡平圃驿的风度村是张宏愈的第四子、张九龄的四弟张九宾守护祖墓、祖祠的地方，此地正是张子胄公一脉后人南迁故里的张氏发祥之地。

（2）"金鉴流芳"宗祠的建筑工艺。

风度村最大、最雄伟、保存得最好的"金鉴流芳"宗祠，始建于南宋，至清乾隆三十年（1765年）重修，保留至今。墙体青砖打磨光滑，灰浆细线规整均匀，大门牌楼巍峨华美，门当户对雕工精细。门楣上方的大梁雕有镂空的双龙戏珠，上面门檐正中的红底金字"金鉴流芳"匾额雍容大气。门两边有张九龄公第二十一代孙所撰写的对联："金鉴箴铭先世泽，曲江风度旧家声。"整座门楼栋梁上下承托，雀椿雕饰华美精湛。两旁的"莲步青云""官禄乘风"镂雕仕宦图案活灵活现，神态怡然，是那个时代建筑雕刻艺术颇具吉祥象征意味的精品。

"金鉴流芳"宗祠门楼

前厅

宗祠藻井

内厅神龛

　　整座宗祠三进二天井，前厅之上有藻井，中厅为共鸣举堂，内厅为祭拜堂。神龛俱奉祖宗牌位和张儿龄画像。

　　以"金鉴流芳"宗祠为中心，四周民居村巷都是明清老宅。飞檐翘角的山墙，黄绿色彩的琉璃瓦当，雕花装饰的檐线，红岩砌就的门窗，还有古雅的厅堂摆设，小巧的天井花坛，精美的石狮花座，珍贵的家具收藏……这些无一不洋溢着一种宁静的古村风韵和文雅的民俗文化，让人感受到古村历史源流的久远和人文风度的传承。

文物仙女木雕

风度村巷之卵石通道、檐墙风采

5. 扶溪镇古夏村

古夏村位于仁化县城东北方向 36 公里处，踞扶溪镇墟镇以东的一个小盆地。村后有两座山峰，大丛山、小丛山并肩而立。村前有大河、小河两溪流合为腰带水。古夏村就在这依山傍水的山间小盆地中傍山麓而建。地理位置优越，土地肥沃，物产丰饶，是古老农耕文明时代择居兴业的首选。古夏村之村名，也就是"古老华夏后裔安居乐业之地"的意思。

古夏村有 165 户人家、800 多人口，95% 都源于李氏家族，是唐朝名将李晟的后裔。宋末元初，李晟的第十七世孙李谟出任广东省左参政，此时元军大举南侵，李谟带兵坚守五羊城，于景炎丁丑年（1277 年）被元军俘获杀害。因李谟生前与江西吉安的文天祥、仁化县恩村的蒙英昴等人都是南宋宝祐年间丙辰科进士，李谟之子李襄也曾受年伯蒙英昴之邀来过仁化扶溪，见识过古夏的地方风采，所以李谟去世后，李襄护母携家来到古夏安居避世，从此兴家立村，繁衍生息直到现在。

李襄尊崇父训，不屑于在元朝为官，隐居古夏，盘守家风，直至元朝灭亡。到了明初，李襄之曾孙李福清以岁贡出任浙江余姚县令；第六代孙李成球、李宗器敕授奉

古夏村的古榕老树村道

直大夫；第九代孙李带川任江苏常熟知县，授文林郎；第十一代孙李南州任三品武官，敕授怀远将军……明清两代古夏李姓为官入仕者有 60 多人，可谓光前裕后。古夏村因此成为仁化县有名的仕家古村，人文历史、古迹遗址也很深厚丰富。

古夏村的传统古建筑格局特色鲜明：祠多、门多、老屋多、古树多。祠堂有赞治堂、光裕堂、忠孝堂、藏用堂、福德祠、五谷祠、达天祖祠等，门有尚忠门、泽金门等，老屋有发全祖屋、兴财祖屋、谭子发屋等。

古夏村风光

（1）古夏村古祠堂祖庙的风采。

缵诒堂始建于明朝中期，是李氏卜居古夏村后第五世祖福星公的祠堂。福星公是庠生出身，曾担任过地方官。"缵"为继承，"诒"为遗留，"缵诒"取继承、发扬祖德之意。

光裕堂是古夏村最宏大的祖祠，祠前有场坪，对面有照壁，建筑雄伟大气。该祠堂是李氏卜居古夏村后第五世祖福清公之宗祠，始建于明初，扩建于清康熙年间，至今气象不衰。福清公曾出任浙江余姚县令，颇有政声。祠名取"光前裕后"之意。建祠堂时的门庭、内堂大石柱，都采自赤壁红岩的丹霞山，用木船从锦江逆流而上运来，靠篙桨缆牵拉到双合水，再沿扶溪水运到古夏村。费时费力，非一般财力可为，可见当时古夏村李氏宗族的实力。

古夏村李氏缵诒堂内厅

古夏村李氏缵诒堂前门

（2）古夏村李氏大宗祠前的"龙虎照壁"。

此照壁规模宏大，长12.3米，高6.9米，厚0.94米。照壁左上框内塑龙形图，上有两层檐脊，椽牙翘角，灰饰美观。照壁中间正框内竖书"甲第蝉联"四个大字，两边框上的图案虽已被损毁，但整座照壁风骨犹存。两旁的旗杆桩栏、拴马桩栏至今犹在，见证着昔时官宦家族的荣光。

龙虎照壁

古夏村李氏大宗祠光裕堂前门

（3）古夏村之忠孝堂。

忠孝堂始建于明代后期，是李氏第十世祖李带川公的祠堂。李带川以拔贡出任江苏常熟知县，为官清正廉洁，体恤民情，深受当地百姓爱戴。因政绩显著，被敕封为文林郎，授知府补事。他告老还乡时，常熟县民赠"恩留常熟"匾，并带回巡检时之全盘执事。

（4）藏用堂之精湛工艺。

藏用堂又名司马第，始建于清康熙年间，是李氏第十四代李擎天的祠堂。李擎天任州左堂，授儒林郎，也称州同或司马，为六品文职官员。该祠是典型的徽派建筑，牌坊门楼、檐墙翘角、亭堂梁柱、门当户对、门匾柱联、天井堂殿、木雕石刻、灰饰图文等都展示出这位文职官员的人文学识及品位。

藏用堂的建筑工艺风采

司马第门坊

尚忠门内门

尚忠门外门

（5）古夏村的门楼。

古夏村门楼有四，最大的尚忠门是古夏村的总门，建于明天顺四年（1460年）。门楼两层，位于村庄西南方向，凡婚丧嫁娶，皆由此门出入。外门上书"尚忠门"，内门上书"陇西世族"，取李氏鼻祖唐朝"西平忠武王"李晟忠君报国、李谟抗元护朝捐躯的史迹，以激励后人忠贞继祖，爱国齐家。

古夏村除总门外，还有众多闸门，当时其功能是防匪盗、保平安。

樟树下门

泽金门

南台古庙——惠济宫

木雕工艺建筑构件

石雕工艺建筑构件

古夏村石拱桥流水欢歌

古夏村民居

6. 黄坑镇南庄村

　　仁化县黄坑镇的南庄村，距仁化县城 10 公里，离丹霞山韶石山景区 8 公里，离黄坑镇政府 1 公里，现居住 200 多人，建筑占地面积 20 亩，居住人口皆为刘姓。

　　南庄村是黄坑镇较古老的自然村，村民于清雍正年间由仁化县长江镇迁移而来，已历经 400 多年。其建筑风格颇具特色，青砖青瓦，翘角峥嵘，传承徽派建筑的模式。

南庄村古建筑风貌

南庄村 2 500 多平方米的总体建筑，都是坐东南向西北，是铭记祖上于明末清初时由西北方向的长江镇南迁而来，也是对承源发派的追忆。整个古村是棋盘式布局：房屋密集整齐，街道纵横交错，四条直巷贯穿全村，巷道用石块和卵石铺成。直巷间小巷道纵横交错，四通八达，外来人进村如入迷宫。

村巷街道两旁，每隔数米便有一个开凿成铜钱形状的小孔，下面是排水暗渠，平时排泄污水，洪涝时保护房宅不受淹浸。

南庄村的街巷

刘氏宗祠排水渠道

刘氏大宗祠上厅、天井

南庄村有一刘氏大宗祠。刘氏大宗祠位于南庄村的核心地域，建于清乾隆年间，坐东南向西北，三进三开间，砖木结构，硬山顶，风火墙，左右有厢房。整座祠堂面阔14.8米，进深53.1米，建筑面积约800平方米，占地面积994.9平方米，是仁化县境内最大的祠堂。

祠堂正门为三开二楼牌坊式的门楼，青火砖墙，红砂岩石柱，雕梁画栋，青瓦绿檐，气势雄伟。门楼内的第一天井特别大，是村民休闲、聊天、歇息的好地方；中厅与第一天井地坪是会客宴请之所；上厅供奉神主牌位，是祭祀祖宗、举行重大礼仪活动之地。

刘氏大宗祠正门

7. 周田镇大围村

仁化县周田镇大围村，原名翰亨村，位于灵溪上游，距灵溪墟约 1.5 公里，离周田镇政府 20 公里，是一个山清水秀、人文古雅、建筑独特的山间盆地古村。

这里群山环抱，灵溪蜿蜒流淌，丛林翠绿，碧水漩清，鸟语花香，山村恬静，一派世外桃源的灵丽与祥和。也就是在这高山平坝中，一道高大巍然的古城墙，围护着占地 8.7 公顷、有 186 户黄姓人口和百余幢古宅的大围村。

村中的《黄氏族谱》记载，黄氏始祖孟贤公于宋元时期只身自江西南迁，来到粤北的灵溪乡，在一个古称"翰亨村"的地方流连忘返。见这里依山傍水，群峰如簇，四面山峦围绕，中间一马平川，后有象岭山，前有灵溪水，是一个养人发家的好地方。于是在翰亨村定居下来，成为越五岭南下最早的外乡客家人，并以自身的勤劳俭朴、任劳任怨，创下农耕文化时期的第一轮基业。

此后孟贤公的子孙后代继承祖志，利用天时、地利、人和的优势，奋发耕耘，广交乡友，勤苦齐家。并以耕养文，以耕育人，遵循耕读兴家之儒家理念，逐渐家族兴旺，人丁昌盛。到明末清初，黄氏家族已成为当地最大的家族，黄姓村民也成为当时灵溪乡人数最多的乡民。

黄氏祖先峭山公与三位夫人像

阆风台"悠远博后"门楼

到了清乾隆年间，黄氏家族对家大业大、人丁众多的村庄有了更为深远的考虑，为了使村民能安居乐业，子孙平安，于清乾隆二十六年（1761年）十一月起，环绕村庄修筑城防围墙。由各房族老联席会主持，有钱的出钱，没钱的出力，全村发动，历时2年多，修筑起了周长1 625米、高7米、厚1米的坚固围墙。墙体全用花岗岩石块垒砌，每隔3米有枪眼和瞭望口，墙内设人行跑道。整座大围城墙呈椭圆形，设东、南、北三扇大围门，形如城门守卫。三大城门都用21块大麻石拱成，象征着黄氏祖先峭山公（北宋进士、奎章阁大学士，累官尚书令）生21子，大围村始祖孟

"仁义风度"门楼

贤公在 21 子中排行第 17，21 块石砌门应是黄家砌屋造门的祖规，有镇村光祖之意。围墙与围门相连接，形成一个完整的城池防御体系，其中的北门口还立有 6 对拴马石（梅墩石），昔时的官家排场与荣耀可见一斑。

"万古雄观"门楼

"瑞应蛟龙"门楼与城墙

环围墙内外均有兵马道

多级功用的大围井泉

大围村围墙内共有 13 排巷道古民居，青砖泥砖砌筑，青瓦翘角屋檐，一百多幢古寨围绕黄氏宗祠向四周延展。房宅体现山古朴的徽派建筑模式，并且都取坐南向北方向。巷道都用卵石块石镶成，尤以围墙内外的坏城古巷道最为宽敞大气，是护村护城墙的兵马通道。

大围村内还开辟有双八井、杜屋井、细井子、大菜园井四口水井，泉水清澈甘甜，冬暖夏凉，长年不竭，且井分多级功用——饮用、洗菜、洗衣，下流沿巷道长流不息，可作防火之用。

大围村的宗祠原有 5 间，现存 2 座黄氏祠堂"角里厅"和"四家厅"，均为五进三开间二天井。祠堂用青砖砌成，墙体光滑，檐牙高啄，气势恢宏。"角里厅"规模大一些，上厅为祭祀堂，神龛上供奉观音像，右边墙上挂黄姓祖先峭山公和他三位夫人的画像；中厅为会客宴请之所；门厅为族人聚会之地。前有照壁，两厢门楣上分别有"入孝""出弟"的门额。

黄氏祠堂"角里厅"

黄氏祠堂"四家厅"

"入孝"门坊

"出弟"门坊

　　大围村作为传统古村落，黄氏宗族在此聚居年代久远，祖上文化一脉相承，人文资源也颇有特色。作为官家仕族之后，为了弘扬祖先气度，大围村不但宗祠、书屋、古宅、民居、围墙、城门等建筑气势不凡，耕读兴家的儒家文化也丰富深厚。明清以来，这里就是原曲江县周田镇（古称"平圃驿"）著名的"进士村""乡贤故里"，出过秀才9名、举人5名、进士2名、贡生多名，可谓人才辈出。新中国成立后，出生在大围村的黄振民是知名的外交官，曾任联合国官员及中国驻西班牙、波兰大使。大围村人杰地灵之气可谓非比寻常。

8. 黄坑镇黄坑村委东庄村古门楼

东庄门楼始建于清乾隆年间，至咸丰年间扩建成东庄大门楼，坐北朝南，砖木结构。大门楼的总体结构是大门楼包小门楼。小门楼建于内，为红砂岩雕石结构，总面积21.9平方米。小门楼石雕精湛，正面门额雕双龙戏珠图案，背面门额雕双凤朝阳图案。大门楼屋顶四角翘起，木构梁架，歇山顶，灰塑屋脊，正脊设鳌鱼宝珠。大门楼雕刻精美，还设卷棚式天花层。大门前有两对旗杆夹石。东庄门楼代表着高水准的清代建筑工艺。

东庄门楼

9. 扶溪镇扶中村委石亭下村

石亭下村的民居是谭姓人家村宅，建于清代，坐东向西，砖木结构。其中一座"尚志堂"，是书香门第、中医世家的谭氏旧居。面阔 11.0 米，进深 10.2 米，占地面积 120 多平方米。中间为厅，左右为房。厅前设天井、围墙，左前方设侧门楼，门当户对齐全，雕刻工艺精湛，木梁雀悍刻花图，厅堂布置摆设齐整，相当有文化品位。

石亭下村谭氏旧居"尚志堂"

10. 城口镇上寨村

上寨村位于城口镇南 5 公里处，是一个历史悠久、人文历史气息深厚的粤北古村。该村历史上先有高氏人家居住，后是李氏、包氏人家。至清初，湖南郴州兴林乡青草村的黄玉公之子二兄弟来到仁化，定居上寨村，耕读兴家，逐渐人丁昌盛。到了乾隆二十六年（1761 年），黄家黄文选考中进士，被乾隆皇帝选用为韶州知府，以后又升任吏部验封司郎中。其后，黄瓒又荣登进士第，被封为广西玉林北流知府，政绩卓著，黄瓒的祖母刘氏和母亲谭氏都曾得到皇帝的授封和赞誉。上寨村也成为粤北与恩村齐名的官宦名村。

该村建筑宏伟规整，一排排整齐的街巷纵横有序，方位井然。青砖筒瓦，椎木梁架，风火墙翘角峥嵘，有些墙脚用红砂岩条石砌筑，有一米多高。石雕木刻图文精美，门当户对彰显大气，有些保留至今，风貌犹存。

上寨村较为有名的是黄氏宗祠。该祠堂位于村中心地段，建于清代中期。坐西北向东南，四进三开间，砖木结构。面阔 11 米，进深 44 米，占地面积 484 平方米。硬山顶，风火墙，正门前面增建一面欧式砖墙，与祠堂连成一体。前厅左右设厢房，中厅设天花木板，三厅与上厅都为抬梁式木架，木雕工艺精湛，门当户对及抱鼓石镌刻美观，是少见的纵深四厅的祠堂，为研究清代祠堂建筑提供了很好的实物资料。

上寨村黄氏宗祠

11. 董塘镇安岗村委第二村谭氏宗祠

　　第二村谭氏宗祠建于清代，坐西北向东南，三开间，砖木结构。面阔 11.4 米，进深 13.8 米，占地面积约 157 平方米。硬山顶，人字形山墙，大门左右设厢房，门面墙体凹入，中间留有空坪，门墩为麻石，门楣与门当雕刻精美。墙脚用青砖砌就，墙体用泥砖砌成，木构梁架，青瓦屋顶，墙檐及门额上方灰饰共有 42 幅彩绘图，是文化品位较高的谭氏宗祠。

第二村谭氏宗祠

12. 石塘镇历林村 64 号民居

历林村是石塘镇除石塘国家历史文化名村之外的又一文化古村，历史上也曾声名显赫，富甲一方，出过很多世家文人。村中房宅富丽，建筑工艺高雅。其中 64 号民居，建于清代，坐西向东，砖木结构。面阔 14.1 米，进深 8 米，占地面积约 113 平方米。硬山顶，人字形山墙，左边屋脊饰灰塑夔龙图纹。住宅整体五扇四间两层，右第一间屋顶设炮楼，第二层窗檐墙上及门额上方共有 20 余幅彩绘，第四间为书房住屋。四面墙基下为条石，上 2 米处为生土和米浆夯实的墙体，上半部为青砖。木梁架，青瓦琉璃檐屋盖，整体坚固豪华，是由历林村刘姓大富人家建的。

历林村 64 号民居

13. 扶溪镇紫岭村委石江头村谭氏宗祠

　　石江头村谭氏宗祠是紫岭谭氏最大的祠堂。扶溪紫岭谭氏始祖谭兰坡是谭伯仓（北宋庆历年间进士、史部侍郎）的曾孙，登南宋淳祐年间进士，与江西文天祥、恩村蒙英昂同榜，先后任英州太守、乐昌儒学，文声人品四溢。迁居紫岭后，子孙发达，成为仁化一大氏族。石江头村的谭氏宗祠建于明成化十六年（1480年），坐西南向东北，二进三开间，面阔 12 米，进深 24.3 米，占地面积 291.6 平方米。硬山顶，人字形山墙，青砖墙体，木柱梁架，青瓦屋顶。上厅、下厅皆为抬梁式木架构，红砂岩抱鼓石雕刻狮子图案，红砂岩柱础石刻图案精美。

石江头村谭氏宗祠

14. 长江镇莲河村委莲塘村上、下祖屋

　　莲塘村上、下祖屋，系长江镇之邹姓祖居。始祖邹宗九郎，其先为江西樟树人，宋端宗时为仁化县宰（县令），政满退休后即择居长江镇的莲塘村。上祖屋建于清初，坐南向北，占地面积 51 平方米，悬山式瓦屋顶，厅内 4 根石柱，麻石墩柱础，左右墙设雕花屏风，用青砖砌就，大门设门当户对，门额为镂空木花窗。下祖屋建于清代中期，均坐南向北，砖木结构，面阔 4.7 米，进深 6.9 米，占地面积 32.43 平方米，悬山式屋顶，厅内木柱 2 根，门额亦为镂空木花窗，门额设天花板。这两座祖屋都是邹氏老屋。

莲塘村上祖屋

15.长江镇沙坪村委陈屋村门楼与宗祠

长江镇陈屋村之陈氏，于明景泰元年（1450年）由江西泰和迁来粤北仁化县城以南，至陈郡美公时迁居长江镇沙坪村的竹田。世代繁衍，人丁昌盛。至清代，于竹田村西扩建宗祠，先在宗祠东北方向建了一座牌坊式门楼，面阔7.1米，进深4.7米，占地面积约33平方米，硬山顶，风火墙，4根木柱撑起卷棚，后檐设天花木板。木结构雕刻精美，门额木匾雕刻有"琼林园"三个字。

陈氏"琼林园"门楼

陈氏宗祠坐西向东，二进五开间，砖木结构，面阔18.8米，进深23.8米，占地面积约447平方米，悬山式屋顶，人字形山墙，上厅、下厅抬梁式木架构，柱梁雀榫刻制精美，柱础石雕别致，上厅宽敞大气。天井设置尤为独特，井石板底下开北斗七星暗渠，通向祠堂外之山溪水圳，清溪泉水可流向祠堂内，开溪圳闸门也可排水入河，还有鱼龟之类通过闸门游入天井。

沙坪竹田村陈氏宗祠

16. 长江镇锦江村委邹屋村邹氏宗祠

邹氏宗祠于清道光三年（1823年）重建，坐北朝南，二进三开间，面阔8.6米，进深18.6米，占地面积约160平方米。牌坊式门楼，人字形山墙，抬梁式结构，门檐设卷棚，双重楼阁。墙体青砖砌筑，木构梁架，青瓦屋顶。门楼2座。祠内4根八角形麻石柱，柱梁结构严实，横梁雕刻华美，雀樟精美。门当户对齐全，门庭宽敞大气。祠内三厅各分功能，天井围石及底板设置规整，体现出邹氏先辈及后人的高雅品位。

邹屋村邹氏宗祠

17. 长江镇锦江村会馆

锦江村是长江镇最大的村落，与镇政府、长江墟连成一片，历史上是湘、赣、粤交通和商贸交流最繁荣的地方。从清朝到民国，许多外地商贾都在这里建起了商埠会馆，有名的就有广州会馆、豫章会馆、楚南会馆、嘉应州会馆。

广州会馆在锦江村的上新街（东风街），为清光绪十一年（1885 年）冬广行 30 家商人集资所建。占地面积 1 571.77 平方米，建筑面积 657.14 平方米。会馆的主要建材多从广州、佛山等地运来，建筑设计独具一格，装饰工艺彰显出大家气派。会馆的上座分上厅、下厅，中隔天井，右有厢房，前厅门上有一块宽 325 厘米、高 80 厘米的辉绿岩横额，阴刻"广州会馆"四个楷书大字。前厅门前为石柱走廊，两侧石梁的狮子、人物雕刻形象古雅。

上座前面是一个大院，院中有水井，前座为一个敞口大厅。

整个会馆用磨制过的青砖砌成，瓦面为底面瓦、盖面瓦两层，阴瓦全为筒瓦。沙灰结构，十分牢固。瓦檐均为绿色琉璃瓦，灰沙饰顶。厅脊正中还饰有彩瓷的双龙戏珠，显得高大美观。

会馆内的顶墙下面均有彩色壁画，共 108 幅，分 150 厘米×100 厘米、100 厘米×60 厘米等几种形式，画面多为古典人物和引经据典的传统故事，人文韵味醇厚，描绘精致。

会馆上座走廊还有 81 厘米×184 厘米的阴刻"新建广州会馆碑记"一方，共 359

广州会馆

个字，记载着建馆的情况。

　　豫章会馆（江西会馆）在中山街 40 号，建于清代。分上厅、下厅，中为天井，左侧有厢房、居室。整个建筑面积为 121.93 平方米。门楼面临街道，建筑古雅、雄伟，门面上有一幅幅工艺精湛的灰沙泥塑"八仙"等人物图案，形象生动，惟妙惟肖，是令人难忘的工艺精品。前厅和后厅的房屋均为拱圆形建筑，栋头上缀有葫芦状的彩瓷工艺品，大有古色古香之态。

　　豫章会馆建在斜坡上，大门前砌有三排石级阶梯，至今保存完好。

　　除此二会馆外，这里还有楚南会馆（湖南会馆）建在康乐街，嘉应州会馆建在河屋街，建筑较为简易。

豫章会馆

18. 红山镇新白村委新田村李氏宗祠

　　新田村李氏宗祠位于仁化县红山镇新白村委新田村，是仁化县境内最古老的李姓宗祠，始建于南宋，重建于明朝。宗祠坐西向东，二进三开间，砖木结构。面阔5米，进深27.7米，占地面积约140平方米。悬山式屋顶，人字形山墙，牌坊式门楼，抬梁式木结构。墙体基层为青砖建筑，上部为泥砖，白灰浆粉饰。门檐设卷棚，门楣上方为"李氏宗祠"牌匾，下有"状元及第"等御赐名牌。内厅还有诸多功名大牌匾。神台雕刻精美，体现出较高的工艺品位，这说明李氏宗族是一个南迁的官家。

"状元及第"名牌

钦赐"花翎遊（游）府"名牌

新田村李氏宗祠门楼

19. 水南村梁氏宗祠的楹联文化

仁化县城东，丹霞街道办城南村委水南村的梁姓，其始祖梁德逢、梁德遇兄弟，于明成化年间由河源县的惠化都石坡村迁到仁化县的山坑村莲花寨下定居，历经200年的发家兴族，终成大户旺族。到明朝末年崇祯年间，兵灾匪乱频繁，最后匪徒攻破莲花村寨，梁氏祖屋及民居悉数被烧毁、破坏无遗。梁姓族群于是迁徙到县城锦江东岸，择地卜居，筑村曰"水南村"。

清嘉庆三年（1798年），梁姓合族在水南村筑建宗祠——梁氏宗祠，坐东向西，砖木结构，风火墙，面阔12.2米，进深21.6米，三进二天井。门厅雄伟，门额悬挂"梁氏宗祠"木匾，门当大气，门墩石上一对红砂岩抱鼓石高一米有余，抱鼓石顶石雕一对雄狮，形象生动。户对齐全，建筑精美，有大家气息。

水南村梁氏宗祠

该祠由大门至前厅、中厅、内厅，立红岩石柱 6 对 12 撑，每对石柱皆石刻对联 2 副，共有楹联 12 对，字体有草、行、篆、楷各式，文词高雅，平仄和谐，对仗工整，有继祖承文、颂先裕后的传统文化品位。

正门前石柱的 2 副楹联，一副因被风雨剥蚀，难以辨认。内侧一副楹联为：

世德承前修　地枕东山来秀色
诒谋裕后代　堂开南浦纳祥光

这副楹联是梁氏第十世孙贡生（进士）梁章撰写的，既显示了宗祠的地理方位，也鼓励后人扬祖德，继先人谋略。

前厅一对石柱的 2 副楹联，一副是清乾隆年间甲子科进士梁元理的对联：

溯河源归化邑　功积仁累　□□□□□
晋翰院作屏藩　蒂固根深　□□□□□

遗憾的是下文已被剥蚀。

另一副长联是：

词宇崇闳　带锦江崃文笔　地灵人杰　岂特育堂肯揖应凄　回天边业　不难远驰
英才蔚祖　光前烈裕后昆　衣沾象贤　非惟序穆亭昭享□　太素科名　可卜长承

中厅 2 柱有联 2 副——

其一为：

营建非旧址　敢云改作　庶几永获苍桑之固
秋造益新地　尝曰壮观　洪此久安祖考之灵

其二为：

问贤游于此日　由河畔藻宜京鼎后岁观兴宗济
达俊裕水光秋　从山坑卜居水南隐豫渐益家人

可谓对仗工整。

内厅第四对石柱有：

> 山之丹水之锦　揽灵秀以布局势　堂哉皇哉
> 父曰灏子曰固　绍箕裘而绵世泽　炳兮麟兮

真是写景抒怀、彰宗穆祖之文雅楹联。

内厅祖堂石柱上的楹联则传统气势十足：

> 溯懋积于当年　祖德宗功久垂千秋大业
> 问缵承于此日　久经武纬克开百代鸿基

另有柱联开头颇具气势，而下一段石柱损毁，字文难猜：

> 规模弘远　喜虎踞龙盘　百世功名　□□□□□
> 祠宇维新　看鹏搏凤飞　千秋礼乐　□□□□□

　　内厅神龛两旁靠山墙皆有石柱，只是字迹全损，中间神堂宽宏，内有神主牌位，旁有镂雕边饰，上有"崇德堂"金字红匾。内厅堂两旁开圆形洞门，上匾为"南园""北合"。整座宗祠结构保存完好，两边厢房也很适用。如今每天都有老人在此娱乐，故牌桌、棋台、休闲长凳齐全。

梁氏宗祠楹联石柱大观

梁氏宗祠门庭

世德承前修　地枕东山来秀色
诒谋裕后代　堂开南浦纳祥光

梁氏宗祠石柱楹联（一）

溯河源归化邑　功积仁累　□□□□□
晋翰院作屏藩　蒂固根深　□□□□□

梁氏宗祠石柱楹联（二）

词宇崇间　带锦江峄文笔　地灵人杰　岂特育堂肯揖应凄　回天边业　不难远驰
英才蔚祖　光前烈裕后昆　衣沾象贤　非惟序穆亭昭享□　太素科名　可卜长承

梁氏宗祠石柱楹联（三）

营建非旧址　敢云改作　庶几永获苍桑之固
秋造益新地　尝曰壮观　洪此久安祖考之灵

梁氏宗祠石柱楹联（四）

问贤游于此日　由河畔藻宜京鼎后岁观兴宗济

达俊裕水光秋　从山坑卜居水南隐豫渐益家人

梁氏宗祠石柱楹联（五）

山之丹水之锦　揽灵秀以布局势　堂哉皇哉
父曰灏子曰固　绍箕裘而绵世泽　炳兮麟兮

梁氏宗祠石柱楹联（六）

历史名人

仁化县是一方历史名人辈出的人文宝地，自南齐建县以来，历隋、唐、宋、元、明、清、民国，为官入仕者、文才武俊近 2 000 人。唐丞相张九龄，北宋庆历年间进士、吏部侍郎谭伯仓，南宋庆元年间钦点仁化知县蒙天民，南宋淳祐年间进士、英州太守谭兰坡，南宋宝祐年间进士、襄阳招讨使蒙英昴，南宋广西苍梧县令李了乙、福建桂阳知州蒙禄昌，明洪武年间浙江余姚知县李清应、福建福宁县丞陈九思、福建永福知县蔡荣应，明永乐年间广西怀集知县朱荣、广东连山知县唐敏、湖广按察司谭昭，明弘治年间衡州知府李球，明正德年间广西永安知州谭玉，明嘉靖年间湖广远安知县谭曜、广西武元知县蒙士元、广西贺县知县叶伯亨、广西阳朔知县蒙尉，以及清代 18 位各地知县，民国时期 5 位县长——李占元、卜安祥、刘树楠、谢梅生、李汝梅，都是仁化人氏。仁化籍文人墨客如庄履丰、范宗裕、朱瑛、蒙诏、蒙士遇、王开运、刘墨山、刘刚德、李仲生等，都是历史知名人士。所遗存诗词歌赋、书画墨宝，自唐以来数以百计。还有在仁化为官的苏迈（苏轼之子）、郑轸、何初、于祥、李梦鸾、陈世英、刘兆霖、陈鸿、李景珩，都在仁化政坛、文坛留下佳绩，人品、文品流芳后世。尤其是广西宁明县的郑绍曾在仁化历任四届知县，历时 10 年，是仁化县历史上任期最长的县官，任内广有政声，老县志及《丹霞山志》都有许多记载。丹霞山的红崖石壁上还有他的手笔摩崖石刻"龙蟠虎卧"。郑绍曾最后离世也在仁化县城，安葬于县城水南村文笔峰宝塔西南向，从某种意义上说，他也成为地道的仁化人了。

郑绍曾的"龙蟠虎卧"崖刻

1. 唐开元名相张九龄

张九龄是我国唐代著名的政治家和诗人。他出生于唐仪凤三年（678 年），幼年聪慧，三岁启蒙，七岁能文，人称神童。童年曾受慧能大师指点，慧能大师称其"是子将来必成国器"。长安三年（703 年）进士及第，官唐玄宗中书令（一品宰相）。他勤学好问，为人正直，品格高尚，反对奸佞。主和边，倡德治，重农桑，行屯田；开凿梅岭古道；并在诗坛开创一代诗风。辅助唐玄宗主政 24 年，开创了中国历史上著名的"开元盛世"。他是古今认可的盛唐名相、岭南诗祖，被誉为"当年唐室无双士，自古南天第一人"。

"金鉴流芳"门匾

张九龄诸多为政理念与社会实践，以及在《千秋金镜录》中阐述的治国用人、安民和边策论都体现出了很重要的历史意义，也开创了岭南革新精神的先河。主要体现在以下几个方面：

政治方面，遵循孔子"以德治国，齐之以刑"的主张，提倡"为政以德，譬如北辰，居其所而众星拱之""道之以政，齐之以刑，民免而无耻。道之以德，齐之以礼，有耻且格"。《论语·为政》之道，历1 200年后，才在张九龄为唐玄宗相时第一次得以实施，开创"开元盛世"的中兴时代。

用人方面，张九龄力挺任人唯贤。作为中国封建史上来自边远岭南的文人进士，张九龄不以出身泥淬为贱，向皇帝上书提出："亲人之任，宜得其贤；用才之道，宜重其选。"为相辅政二十多年里，他一直督促唐玄宗要坚持容纳忠直人才的用贤体制。

经济方面，张九龄力促唐玄宗重农桑，轻税赋，建言立说："相其物，土之宜，务以耕桑为本，时无妨夺，吏不侵渔……宜更申明，勿妨春事。诸处百姓，贫困者多，虽有陇亩，或无牛力，功率相助，令其有秋。"另外，他还为方便流通，开通物流之道，向唐玄宗奏请开辟梅关古道。开元四年（716年），张九龄辞官回韶州，亲自组织、监督、指挥该项工程，开新道三十多华里，跨越粤赣重岩叠嶂，终于将梅关古道开辟成可并驰马车的新大道，为南北方的经济交流奠定了基础。

军事方面，张九龄提出恢复府兵制。他提出加强中央对军队的控制权，起用文武兼备、德才有道的人掌控军队，对李林甫、牛仙客、安禄山等挟军权而谋异的官员进行谏阻。

文学方面，张九龄作策论三篇，开一代诗风，被称为岭南"诗祖""文场之帅"。在唐诗中，他的"海上生明月，天涯共此时"被传诵至今，其《感遇》诗二首，成为《唐诗三百首》之开篇名作。

思想方面，张九龄作为一大儒家，以忠君爱民为中心，提倡"得天道，顺民心"，其中，"天无二日，土无二主，国无二君，家无二尊""天下黎民皆赤子，以诚告示，其或知归，威然节制，仁恕为怀"，皆是其保国泰民安的为政理念。

张九龄作为唐代开元名相、岭南第一相，德才兼备，为政清廉，忠君爱国，正气凛然。他的政治理念、道德才识、诗词文章享誉盛唐，传之后世，是粤北韶州的骄傲、岭南的骄傲，更是仁化的骄傲。

2. 宋宁宗钦点仁化知县蒙天民

南宋淳熙元年（1174年）阳春三月，蒙天民降生于韶州府仁化县清化乡（现仁化县城口镇）的恩村，从此，一个岭南显赫仕家数百年的风光与荣耀开始了。

蒙天民，字宪初，从小天资聪敏，勤奋好学，25岁中举人，26岁登庆元己未（1199年）特奏科一甲第十二名进士，被宋宁宗嘉封为文林郎，并御笔钦点为仁化知县。其德行政事被文天祥著于《恩村蒙氏三世祖文林郎天民传》，载于清康熙、同治及民国的《仁化县志》；宋宁宗的敕命匾额现仍挂于恩村的蒙氏家庙（祖祠）；宋咸淳十年（1274年）翰林院国史编修谢枋得的赞词"不负天子，不负苍生，事业参赞天地；无愧衮衫，无愧屋漏，德行可格神明"载于县志，挂在宗祠。

从蒙天民开始，蒙氏家族历宋、元、明、清诸代，出过蒙英昂、蒙渊龙、蒙赞、蒙诏、蒙艮翁、蒙禄昌、蒙温等26位进士和106位举人，由科贡入仕为官者152人。蒙天民逝世时，宰相文天祥曾亲临恩村祭祀（祭文记于县志），并为同年蒙英昂书写

蒙氏家庙祖祠的钦赐蒙天民为仁化知县的宋宁宗御文牌匾

钦赐牌坊匾"进士坊"（残匾尚存恩村）。恩村蒙氏家庙历届族谱的序、跋、赞词及 5 个宗祠的楹联分别由宰辅、参知政事陈与义、文天祥、叶颙、翰林院大学士欧阳玄、杨起元及文学、书法大家赵孟頫、宋濂、钱南园、朱鼎、朱瑛等撰写。100 多户村民的小小恩村，竟有 3 座门楼、5 个祠堂、5 座牌坊、1 座城堡。现仍可见古城墙横亘、碟垛俨然、城门依旧。城楼虽坍而气势尚存，护城河虽废而残迹犹存。这些都是蒙天民首开科甲，使恩村成为仕宦名家古村的见证。

蒙天民所处的时代，正是北宋徽宗、钦宗被金国俘虏羁押，宋高宗被迫迁都临安，宋与金、元隔江而治的特殊历史时期，当时战事频传，北方官民纷纷南迁，人心惶惶，天下动乱，仁化县从乐昌县分划出来立县不久，老县城"走马坪"城池坍废，可以说是"有县无城"，政怠民疲，百废待举。这时宋宁宗看中新科进士蒙天民是个学识渊博、品格方正、言行不苟、忧国忧民的绝学之士，又是仁化本地人，熟悉地方民情风俗，于是亲批御点他为仁化知县。

蒙天民到任后，不负上命，殚精竭虑，大刀阔斧地干了几件足以让他流芳百世的大事：

一是构建县城。他选择旧县沿"走马坪"锦江下游对岸的开阔地（现仁化县城老城区）构建营房，修筑城墙壁垒，建立官衙县府及行政设施，使县城初具规模。如今在县城老街区，还有一段老城墙的遗迹。

二是设立官税，修筑县城渡口。蒙天民在县城及各个乡的交通隘口设关课税，使仁化县内的田赋、地丁及农、桑、渔、布匹、盐贸等杂课税收有所章制；他维修并拓宽了县城及长江、城口、潼阳（董塘）、始兴等地的古道，并修建了康溪、东门、水东 3 个渡口，使县内水陆交通便利。

三是疏浚锦江河运。他于任内花大力气疏河淤、炸滩礁，开通了县城北至恩村、城口，东北至扶溪、长江的锦江水系河运，使木船能从边远的长江、城口直达县城，下至浈江，南通韶州、北江。这是蒙天民最有远见卓识的政绩，也是当时最大的惠及万民的水利交通工程。锦江河运的开通，有利于当时偏远山区的物资交流，对仁化县的经济、社会、文化发展起到了极大的作用。直到 20 世纪 70 年代，锦江河运一直是仁化交通运输、物资流通的主动脉，恩泽仁化地方民众数百年。

四是奖掖农桑耕织。蒙天民深知"民以食为天，业以耕为本"的重要性，因此尽力扶持农桑，奖励勤劳发迹的乡民。他常以"农以稼穑为业，俭以节财，勤以集事。耕织男女务各专其业"教导乡民，乡民受其教化，立身行己，都遵从他的德教，不废农桑而自守，在其治期及治后，仁化县农耕经济有了长足的发展，人丁繁衍昌旺，至

"叔姪亚魁"门匾

30 年后的宋理宗嘉熙年间，仁化丁口增加一半，这在当时是一个跃进式的发展成绩。

五是建立学馆，培养人才。蒙天民儒生出身，素倡"士以诗书为业，民以教化为先"，他在知县任内创办了仁化县最早的县学馆，在老家恩村也办起了"恩村社学"（私塾类村学校），鼓励年轻学子知书明理，且世代相绳。由此形成恩村蒙氏家族"以读书登科甲，以官宦扩家产，以家产兴家族"的发家模式，延续着气贯数百年的文化传统和人文氛围。

蒙天民的德政与仁治，还表现在他的高尚人格和廉洁自矜上。史志记载："（蒙天民）严格良儒，生平耿直，寡合自持，言行不苟。"在仁化执政多年后，他因母亲去世而辞官守孝。回乡时两袖清风，宦囊萧然，带回的唯有自己的史籍藏书和笔砚而已。回乡以后，他平易谦和，德行乡里，潜心书史，力课儿孙。其家族后人书香为继，衣冠连云，人才济济，至明清时期，已成为岭南知名仕家。

蒙天民虽然是仁化县最早的历史名人之一，且满腹经纶，文才俊逸，但他生性矜持内敛，不事张扬，真知实干是其本分所长，诗文流芳是其淡泊风清，因此留给后世的诗文作品并不多。只一篇《锦石岩龙王灵感记》，是他出任之前为贡生时所写。当时还是一介书生的他，对那时"假神名而取醉绝"的求神祈雨习俗心怀淡泊，而对丹霞山锦石岩中一次偶然的"龙王布雨"却写得优美生动，妙不可言，表现出他深厚的文笔根底。这篇文章是现存最早的有关丹霞山的绝美古文，其摩崖碑刻现还在丹霞山锦石岩的洞内。

3. 仁化名宦蒙英昂

"学宗东鲁，望重河滨，土璋治化，德泽生灵，和风廿雨，景星卿云，帝者之师，王者之臣。"这是宋末元初书法大家、翰林院大学士赵孟頫对蒙英昂的赞词。记载于清康熙、同治和民国的《仁化县志》及《蒙氏族谱》。

蒙英昂是蒙天民的侄孙，是勃兴蒙氏家族声威的杰出代表，也是仁化县至今为止职务最高的行政官员。他有着传奇般的生平。

蒙英昂，字宗文，号君思，南宋理宗绍定三年（1230年）出生于仁化恩村。族谱载："其母怀孕时，夜常梦见一只大公鸡扑入她怀中，伏于腹内。到产下一男婴时，午后之时却雄鸡长鸣。其父即为之取名英昂，取鸡是东方昂日星官之吉意。这孩子生得面如满月，目似晨星，堂堂仪表。并且天资聪颖，智力超群，读书阅史过目不忘。"县志载："他七岁即能吟诗作对，十岁入县学，十五六岁即驰名艺苑文坛，二十岁中举人，二十七岁登丙辰科文天祥榜五甲进士，可以说学途顺畅，如履青云。"

然而这位"学宗东鲁"（蒙氏宗祖蒙恬被封山东东鲁蒙山，为秦朝重臣，史称"秦之乔木""世臣儒将"，因发明毛笔而扬名天下，为蒙氏后世子孙的楷模）的蒙英昂却生不逢时，在仕途中磕磕碰碰，天时、地利、人和都决定了他与先祖蒙恬相似的仕途命运。

蒙恬虽是秦朝重臣，修万里长城，收匈奴，立河南县，擢中书令，拜大将军，赐管城侯，食万户，拜上卿，可谓功高爵重，但秦朝政暴令苛，权宦奸臣当道，而蒙恬刚正不苟，上书阻建阿房宫、阻建直道官驿、直谏奸臣误国，得罪了李斯与奸臣赵高，被诬陷致死。蒙英昂所处的时代，是北方金、元压境，南宋偏安一隅，朝纲国力衰弱，昏君奸臣当道的时期。满腹才华的他虽高中进士，却只被封了个"道州学正"的小官；以后被荐为国子博士，进了京都做教官，却又因为忤逆并疏远了当时身为"帝师"的大奸臣贾似道，被贬出京都，降为建康府教授；后来被贬谪到边远的惠州当香山（今中山）县令。这时朝廷官员人数欠缺，后来才起补他为平江府察推钦差。由于他任内德才彰显、政绩突出，被宋度宗破例钦点为浙东巡按，不久转湖南提刑，升襄阳招讨使，一跃而为二品大员，掌管江南五省军政。对于蒙英昂这一时期的仕途豁达，贾似道虽然心怀不满，经常寻衅抵制，但碍于蒙英昂有同科进士文天祥、谢枋得、陈文龙等的扶持，一时奈何他不得。

此时南宋江山已到摇摇欲坠之际，元军大举挥师南下，掠州夺地，四面楚歌。宋咸淳十年（1274 年），据《宋史》卷四七四记载："时襄阳已急，久困绝援……蒙英昴孤军驻守襄阳已数月之久。"无奈，他只得单骑突围去临安搬救兵，这时贾似道犹在葛岭起建楼阁亭榭，搜集宫女娼尼有美色者为妾，日夜淫乐其中，对蒙英昴的救急求援避而不见。在临安流连多日，文天祥等又率军在闽，求助无援，蒙英昴只得速回襄樊踞守，与襄阳互为犄角。而不久襄阳守将吕文焕苦力难支，不得已献城降元了。襄阳既陷，贾似道马上来了精神，向宋恭帝参本要捉拿蒙英昴治"弃城之罪"。好在葛岭贾似道府内一位被抢来的宫妃心有不平，女扮男装逃出来通报消息，蒙英昴携其弃官逃命，回归老家恩村。这也就是恩村世代流传的"美男英昴偕皇宫妃子潜逃"的真相。蒙英昴的仕途也像他的先祖蒙恬一样，因被奸臣陷害，从高峰落入谷底。好在南宋已近灭亡，贾似道也无暇顾及这颗眼中沙粒了，蒙英昴才免了牢狱之灾，留下了一条性命。

到宋端宗时期，文天祥当了宰相，苦心孤诣地想起用贤能，重整朝纲，以图力挽危颓、匡扶宋室。文天祥想到蒙英昴是文武全才，于是立即派员持诏，到恩村征调他为临江知府，权参知政事（二品）。蒙英昴知南宋朝廷腐败，积久难消，天下事已十之八九，大势已去，人心已失，非人力可回天，只能向同年知己文天祥致书浩叹："知己不辱，知止不殆，此乾坤何等时也，尚可縻好乎……且贱躯顽疾，心力交瘁，诚恐误君恩、失年兄重托也。"坚辞不受。蒙英昴从此择居山野，到扶溪一处蒙家的石垄庄园隐居，怡情山水，以琴书为乐。两年后宋亡，元朝当政，当朝知蒙英昴之才能贤达，曾几次征召他出山为官，都被他以病拒挡。有诗"青蒲柳丝年年在，野鸟含声怨不休"明其心志。

作为一位文武兼备的招讨使，蒙英昴辞官在家，在国破家危的战乱时期，唯一能做的就只有建筑城堡、力保家园了。恩村的"古宗城"就是那个时代在蒙英昴的亲自筹划和指导下修筑的，并且只用了一年多的时间。他选择了住宅集中的临河高地，圈以城墙，让全村族人都搬进城堡之中居住。城墙外东南两面有锦江支流恩溪水环绕，形成天然的屏障护城河；西北两面，他发动族人开挖人工护城河，而且挖得很宽阔，这样战乱之时可以护城，和平时期可作鱼塘利用，还可以引恩溪之水进出，灌排水有水闸陂头，护城河水可调节深浅，设计筹划妙不可言。城堡有东城门，上有箭楼，城门下是仁化通往汝城的官道，官道下面是恩溪码头，城门一关，居高临下，易守难攻。西门叫"莒里门"，门外就是人工护城河，原有栈桥通往村外和后山。城墙东南面有瞭望城楼，便于观察东、南、西三个方向的敌情，城楼比门楼高耸宽阔，传说上面原装有火炮等防御武器。整个城堡占地五亩，里面巷宅纵横，设施齐备，居住生活安全方便。

这是蒙英昴对家乡族人的一大贡献，他以一个军事行家的眼光，苦心孤诣地为后世子孙营造了一个躲避战乱的"安全岛"。只是元军后来并没有路过这僻壤山村，倒是元末明初、明末清初斥匪祸乱之时，这座古堡宇城发挥了作用。

清嘉庆《仁化县志》载："（顺治）十一年，临武监山贼攻（韶州）府城不下，遂由大岭抵赤石径，进攻恩村宗城。恩村蒙氏乡民赖城堡勇战，炮轰箭射，打死贼首，乃退。"这一仗不但保全了恩村蒙姓的安全，后来也使许多匪患绕恩村而过，不敢觊觎。

蒙英昴时代是蒙氏家声的第二个高峰，恩村已被钦赐"进士坊""观光坊"两座牌坊。"进士坊"三字由文天祥在恩村亲笔所写，并撰联一副："圣天子讲学崇儒，大丈夫丰功伟烈。"励勉报国之心溢于言表。另一联为谢枋得撰写："高捷秋闱夸独步，联登春榜冠群英。"是对蒙氏连登科甲的褒扬。"观光坊"现今犹在，匾额为赵孟頫所写，朱瑛撰写的对联是"甲第休夸二宋美，文章应许三苏齐"，可见当时的蒙氏是风光一时的。

蒙英昴赋闲隐居在家，对家族、家庭的文化教育及地方事务是非常关心的。他孝悌友善，和睦乡里，人际关系和谐融洽，还调解了许多邻里纠纷。他寓居扶溪石垒时，建了一座祠堂，倚此创办了扶风书院，招收城口、扶溪的有志学子，为地方办学树立了典范。石垒祠堂的扶风书院至清道光年间才坍塌，迁往紫岭。清道光九年（1829年），才有扶溪的"扶风书院"，为谭氏所办。现在，石垒祠之"恩公牌"还在，是对蒙英昴振兴地方学馆的颂扬。

4. 仁化著名书画家刘刚德

刘刚德（1896—1973年），仁化县仁化镇人，著名书画家、教育工作者。他从小酷爱艺术，1919年考入广东省甲种工艺学校专攻美术。毕业后从事教育工作，先后在仁化县立第一高等小学、曲江县德华女子师范、美光学校、越南提岸穗城学校、韶山端芳中学教美术。1927年赴上海美术专科学校深造，拜师黄宾虹、丰子恺学艺。从1931年开始，又先后任教于始兴县立中学、仁化县立乡村师范、广东省立韶州师范、越南提岸穗城学校。抗日战争胜利后从越南返国，在仁化县中学任教。1947年与许云台先生在仁化举办画展，义卖字画，赈济灾民。1948年任教于翁源二中，并兼救济院院长。1950年起先后在仁化中学、坪石中学、乳源中学、清远中学、清远师范任美术专科教师，一直担任清远县政协委员。1964年退休回仁化，于1973年病逝于仁化老家，享年77岁。

刘刚德从事美术教育工作43年，培育了大批人才，深受学生爱戴、同仁敬仰。有《刚德画集》于民国二十一年（1932年）三月由上海金城工艺出版社出版发行。该画集由高奇峰先生题写书名，书画家王开运题写扉页"丹山之秀"，黄宾虹书写序词。其画，草、木、花潇洒飘逸，山、水、岩雄浑刚烈，尤以对家乡丹山锦水的描绘最为精致。刘刚德是最早也是唯一以山水墨画表现丹霞悬崖群峰、锦水清流的画家。

王开运题"丹山之秀"　　　　　　　黄宾虹题写序词

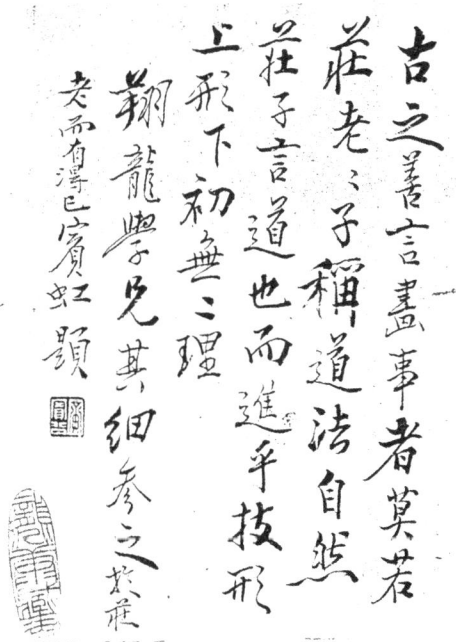

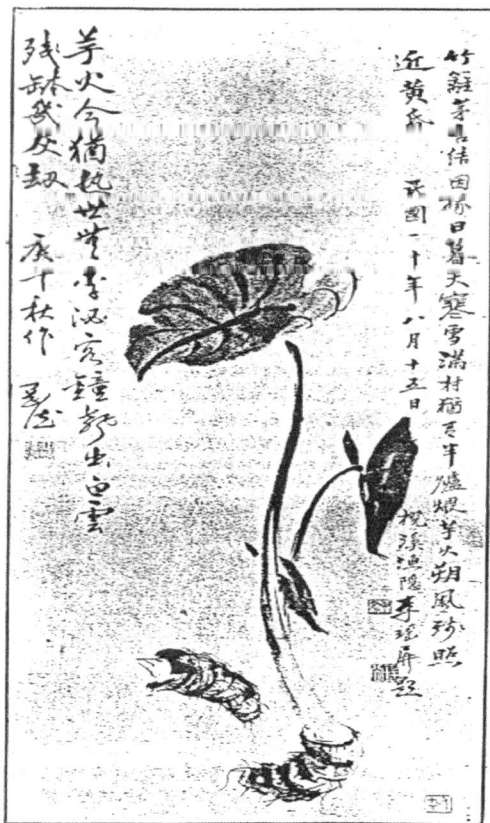

刘刚德 《山芋图》

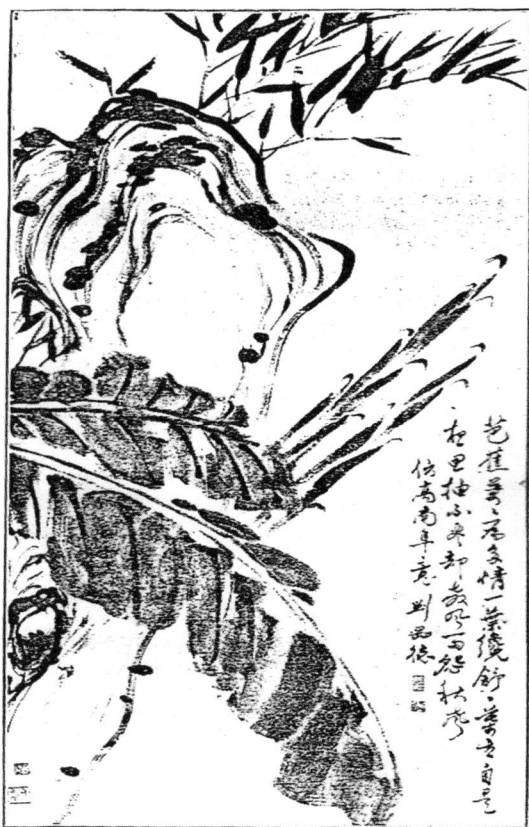

刘刚德 《芭蕉叶图》

刘刚德 《丹山锦水一叶孤舟图》

刘刚德 《韶音亭观丹霞山群峰图》

刘刚德《丹山锦水图》

5. 中国著名画家李仲生

　　李仲生（1912—1984），仁化县石塘村人，自幼随父习中国画。1930 年起先后在广州美术专科学校、上海美术专科学校研究所、日本东京大学艺术系学习。1937 年毕业回国后，先后任教于国立杭州艺术专科学校、广州艺术专科学校、台北第二女子中学。后任台湾政工干校教授。1951 年与朱德群等举办"现代绘画联展"，并在台北开设"秋人画室"。20 世纪后期活跃于台湾艺术圈，开辟了中国现代绘画的新空间。管治中、萧勤、吴昊、夏阳、李元佳、陈道明、谢东山、郭振昌等均出自李仲生门下。李仲生继林风眠、吴大羽、刘海粟、李东平之后，在中国现代艺术与西方、日本现代艺术的风云际会中，孤军突进，以抽象艺术油画驰名中外。李仲生曾获台湾画学会金爵奖，成为中国前卫绘画艺术的先驱，被誉为"现代绘画之父"。

李仲生油画（一）

李仲生油画（二）

李仲生油画（三）